KB022206

넥스트
NFT
레볼루션

넥스트 NFT 레볼루션

초판 1쇄 발행 · 2022년 5월 25일

지은이 · 정재환, 이요한, 이선민
발행인 · 이종원
발행처 · (주) 도서출판 길벗
브랜드 · 더퀘스트
출판사 등록일 · 1990년 12월 24일
주소 · 서울시 마포구 월드컵로 10길 56 (서교동)
대표전화 · 02) 332 – 0931 | **팩스** · 02) 322 – 0586
홈페이지 · www.gilbut.co.kr | **이메일** · gilbut@ gilbut.co.kr

기획 및 편집 · 김동섭, 김세원(gim@gilbut.co.kr) | **제작** · 이준호, 손일순, 이진혁
마케팅 · 정경원, 김도현, 김진영, 장세진, 이승기 | **영업관리** · 김명자 | **독자지원** · 윤정아

디자인 · design KEY | **교정교열** · 공순례
CTP 출력 및 인쇄 · 북토리 | **제본** · 신정문화사

• 더퀘스트는 ㈜도서출판 길벗의 인문교양 · 비즈니스 단행본 브랜드입니다.
• 이 책은 저작권법에 따라 보호받는 저작물이므로 무단전재와 무단복제를 금합니다. 이 책의 전부 또는 일부를 이용하려면
  반드시 사전에 저작권자와 ㈜도서출판 길벗(더퀘스트)의 서면 동의를 받아야 합니다.
• 잘못 만든 책은 구입한 서점에서 바꿔 드립니다.

©정재환, 이요한, 이선민, 2022

ISBN 979-11-6521-982-6 (03320)
(길벗 도서번호 070488)

정가 : 16,000원

독자의 1초를 아껴주는 정성 길벗출판사

길벗 | IT실용, IT/일반 수험서, IT전문서, 경제실용서, 취미실용서, 건강실용서, 자녀교육서
더퀘스트 | 인문교양서, 비즈니스서
길벗이지톡 | 어학단행본, 어학수험서
길벗스쿨 | 국어학습서, 수학학습서, 유아학습서, 어학학습서, 어린이교양서, 교과서

NFT:
거품인가,
혁명의
시작인가?

NEXT

NFT

넥스트
NFT
레볼루션

REVOLU

정재환 · 이요한 · 이선민 지음 | 김민수 NFT뱅크 대표 서문

TION

더 퀘스트

* 일러두기

　이 책은 세 명의 저자가 공동 집필하였고, 정재환 저자가 원고 전반을 다듬고 검수하였습니다.

NFT의 가능성은
아직 발현되지 않았다

김민수 NFT뱅크 대표

초등학교 시절 쉬는 시간이 되면 어김없이 교실 뒤편에서는 유희왕 카드와 포켓몬 스티커를 거래하는 장터가 열리곤 했다. 장터에서는 희귀한 카드와 스티커를 가진 친구들이 으스대며 서로 가격 흥정을 했는데, 그 가격에는 나름의 논리적인 근거가 있었다. 학교 내에서 해당 카드의 수요와 공급 상황이 어떤지부터 시작해 원작 만화의 스토리를 바탕으로 서로가 내세운 서사와 논리가 버무려져서 '가격'이 형성됐다. 어린 나이였지만 우리는 그렇게 경제 논리와 상품의 가치, 가격에 대해 자연스럽게 배울 수 있었다. 아울러 학기 초반 낯설고 어색한 상황에서 유희왕 카드와 포켓몬 스티커는 우리 모두를 하나의 관심사로 묶어주는 매개체였고, 끈끈한 공동체를 만들어주는 수단이기도 했다. 우리는 그렇게 이미 가장 자연스러운 형태의 '커뮤니티'를 무의식적으로 경험해보았다.

이런 과거에 대한 향수 때문일까. 최근 포켓몬 빵 구입 열풍이 20여 년 만에 다시 불고 있다. 띠부씰이 들어 있는 포켓몬 빵을 구하려고 혈 안이 된 어른들의 모습은 그 간절함이 얼마나 컸는지를 보여주는 단면 이 아닐까?

지금으로부터 4년 전, 극소수의 철없는(?) 어른들이 모인 작은 메신 저였던 디스코드 채널은 우리의 어린 시절 교실 뒤편과 크게 다르지 않 았다. 물리적 공간과 재화가 디지털로 바뀌었을 뿐, 본질은 유년기의 그것과 크게 다르지 않았던 것 같다. 시간이 흘러 작은 커뮤니티에서 시작된 그들만의 마니아적인 놀잇거리이자 수집품이던 NFT가 이제는 전 세계인이 누구나 한 번쯤은 들어봤을 핫 키워드가 되다니! 격세지감 을 느끼지 않을 수 없다. 그맘때 필자 또한 대체 NFT가 무엇인지를 알 아내기 위해 이곳저곳을 찾아 헤매곤 했다. 그러던 어느 날 우연히 찾 은 디스코드 채널에 정착하게 되었고, 열정적인 NFT 마니아들 사이에 서 밤낮 할 것 없이 수없는 담론과 아이디어를 펼치며 가슴이 뛰는 경 험을 했다. '내가 만약 인터넷의 태동기를 직접 경험했다면 이런 느낌 이 아니었을까?' 아직도 그때의 기억이 생생하다.

시간이 조금 더 흘러 다양한 장르의 NFT가 탄생했다. 더욱 다채로운 커뮤니티가 생겨나고 팬층이 제법 두텁게 형성되기 시작했다. 디지털 공간에서 처음으로 NFT를 거래해본 유저들이 '디지털 소유권'이라는 개념을 피부로 느끼게 되면서 NFT는 더 이상 예쁜 JPEG 이미지 파일이 아니라 '디지털 공간'에 존재하는 '내 소유'의 '내 자산'으로 여겨지는 순간이 찾아왔다. 이러한 개념은 비트코인과 이더리움의 가치를 진정으로 믿었던 사람들에게는 전혀 새로울 것 없는, 지극히 당연한 현상이었다. 하지만 아이러니하게도 코인은 믿지만 NFT는 믿지 못하던 사람들이 생각보다 많았으니, 코인과 NFT 사이에도 분명 인식의 차이가 존재했음을 알 수 있다.

그 둘의 차이는 어디에서 오는 건지, 각각의 내재가치는 어떻게 정해지며 무엇이 다른지를 찾아가는 과정에서 우리는 NFT가 단순히 금전적 가치 이상의 것을 담고 있음을 깨달았다. 그 속에는, 밈, 하위문화, 커뮤니티 등 어떻게 보면 훨씬 더 모호하고 직관적으로 이해하기 힘든 개념들이 녹아들어 있었다. 머리로는 도저히 다 이해할 수 없는 영역이기에, 직접 경험하면서 피부로 느끼고 마음으로 이해하는 게 최선이라고 생각했다.

우리는 이제껏 수많은 그룹과 커뮤니티를 경험해왔다. 모든 공동체에는 구성원들이 공유하는 주제가 있고, 그 주제를 바탕으로 함께 토론하는 과정에서 생겨나는 동질감과 연대감, 소속감이 있다. 사람들이 자발적으로 자신의 시간과 노력을 들이게 되는 보이지 않는 힘이 작동한다. 이것이 강하면 강할수록 구성원들은 더욱더 본인이 속한 공동체를 위해 나서서 최고의 대변인을 자처한다.

2021년 한 해를 떠들썩하게 했던 게임 엑시인피니티Axie Infinity의 발전에는 엑시 캐릭터 자체를 사랑하는 탄탄한 초기 유저들이 있었다. 그들은 적극적인 앰배서더ambassador가 되어서 새롭게 들어오는 유저들의 길잡이 역할을 하며, 생태계에 필요한 다양한 툴을 직접 개발하는 적극성을 보였다. 그 결과물 중 하나가 '길드' 또는 '스콜라십'인데, 이는 새롭게 참여하는 유저들에게 엑시를 무료로 대여해주고 이후 수익이 생겼을 때 나누어 갖는 일종의 렌털 시스템이다. 왜 그들은 직접적인 금전적 보상이 없었음에도 이렇게 나서서 자신의 시간과 노력을 투자했을까? 그들에게 보상이 없는 건 아니다. 당장에는 보이지 않지만 결국 커뮤니티에 의해서 장기적인 보상을 받게 된다는 사실을 이미 체득한 일부는 장기적인 측면에서의 보상을 기대했을 것이고, 인센티브와 무관하게 본인의 소속감과 내적 호기심을 충족하고 싶어 하는 일부 유저에게는 커뮤니티 내에서의 감사와 존경이 큰 보상이었을 것이다.

NFT를 매개로 시작된 작은 커뮤니티들 속에서 상상할 수도 없을 정도로 다양한 아이디어들이 빠르게 등장하면서 이제는 하나의 거대한 생태계로 진화하고 있다. 일례로 NFT 금융 영역까지 확대되어 NFT 담보 대출 서비스부터 조각 투자, 집합 투자 등 다양한 형태의 금융상품과 서비스가 하루가 멀다고 출시되고 있다. 이에 따라 NFT의 활용성이 더욱 커지고 있는 것은 물론이다.

혹자는 NFT가 거품이라고 말하지만, 모든 위대한 탄생의 서막에는 어김없이 의구심과 거품론이 끊이지 않았다. 물론 NFT의 가격에 거품이 낀 것은 사실이다. 앞에서 언급한 커뮤니티에 대한 이해나 참여가 없는 상황에서 지나치게 투자 관점으로만 접근하는 사람들이 많아지면서 가격이 일시적으로 너무 높게 형성되었다. 하지만 NFT의 가치와 가능성은 아직 제대로 선보여지지 않았다고 해도 과언이 아닐 정도로 NFT 생태계는 빠르게 그 가치를 입증해나가고 있다. 실리콘밸리를 시작으로 수많은 인재가 전 세계에서 웹3으로 몰려들기 시작한 지 이제 1년, 아직 시장에 나오지 않은 무수한 아이디어가 수면 아래에서 꿈틀거리고 있다.

2019년을 떠올려보자. 그해에는 모두가 블록체인을 부정하며 소위 '탈블(탈 블록체인의 줄임말)'을 외쳤고, 언론은 '크립토의 겨울'이라고 외쳤다. 하지만 2020년에 찾아온 '디파이의 여름'이 과연 하루아침에 불쑥 일어난 사건일까? 모두가 희망을 잃었던 2019년 무렵 오랜만에 차분히 앉아서 고민하고 코드를 짤 여유가 생긴 '긱'들이 2020년 세상을 뒤엎을 만한 서비스를 준비했듯이, 어쩌면 지금의 NFT 생태계도 이제 식상한 PFPProfile Picture가 난무하는 시기를 지나 한층 여유를 갖고 그 다음 스텝을 준비하는 시기를 맞이한 게 아닐까. 이 시기가 끝날 무렵 새로운 서비스들이 쏟아질 때, NFT가 가치를 더욱 인정받는 세상이 오지 않을까 싶다.

이번 집필 작업에 참여한 세 분의 저자 모두 필자와 막역한 사이로, 함께 크립토 · NFT 영역에서 언제든 깊이 있는 대화를 나눌 수 있는 몇 안 되는 전문가들이다. 이요한 님은 필자와 2020년 초부터 해시드의 한 지붕 아래서 함께 겨울을 나며 누구도 알아주지 않던 NFT 세상에 투신한 몇 안 되는 동지 중 한 분으로, 다양한 공간에서 서로의 생각을 나누며 성장한 파트너였다. 이선민 님은 SK에서 팀장으로 근무

하던 시절 자주 만나며 블록체인, STO, DAO, NFT 등 다양한 주제에 관한 생각과 아이디어를 허심탄회하게 공유해온 분이다. 정재환 님은 서울대 블록체인 학회인 디사이퍼를 통해 처음 인연을 맺었다. 금융을 공부한 공학도답게 무한한 지적 호기심으로 블록체인과 NFT를 섭렵해 가는 모습을 보면서 항상 좋은 자극을 받고 있다.

이런 세 분의 전문가가 함께 뭉쳐 이렇게 멋진 책을 집필하다니! 이 것만큼 신나고 흥분되는 일도 없을 것이다. 아무쪼록 독자 여러분 모두 이 책을 통해서 NFT를 더욱 깊이 이해하게 되기를, 그리하여 앞으로 더욱 커질 이 새로운 세상에 한 발자국 더 다가가는 기회가 되기를 기원한다.

NEXT
NFT
REVOLU
TION

PART 2
자산으로서의 NFT

PART 3
메타버스 속 NFT

PART 1

블록체인과 NFT

비트코인
그리고 블록체인

2017년 봄, 대부분의 사람들이 잘 몰랐고 그다지 알고 싶어 하지도 않았던, 정체 모를 '가상화폐'[1] 취급을 받던 비트코인Bitcoin은 가격이 채 100만 원도 되지 않았다. 하지만 시간이 갈수록 가격이 천정부지로 치솟아 언론에서 자극적으로 다루기에 딱 좋은 소재가 됐다. 다음은 비슷한 시기에 보도된 기사의 헤드라인이다. 2017년이 저물어갈 무렵 비트코인은 거의 광풍 수준의 가격 변동을 보여줬다.

비트코인 다시 2200만원 돌파…정부 과세 논의 착수

[JTBC] 입력 2017-12-17 15:52　수정 2018-01-15 15:13

안내▸ JTBC 뉴스는 여러분의 생생한 제보를 기다리고 있습니다.

| 비트코인 기사 (2017.12.17) |
출처_ 네이버뉴스-JTBC

[카드뉴스] '피자 2판에서 2천억원까지' 비트코인, 폭등의 역사

서세희 기자　등록 2017.12.13 09:29　수정 2017.12.13 12:59

| 비트코인 기사 (2017.12.13) |
출처_ 뉴스웨이

1　가상화폐란 게임, 포털 사이트 및 SNS 등 온라인 및 가상 공간에서 통용되는 화폐로, 해당 공간에서만 교환 가치가 인정된다는 특징이 있다. 공개 금융 시스템을 지향하는 블록체인상에서 통용되는 코인 및 토큰은 '암호자산crypto asset'으로 명명하는 것이 옳은데, 이에 대해서는 PART 2. '터지는 거품일까, 굳어가는 돌일까?'에서 자세히 다룬다.

이에 그렇지 않아도 기존 주식시장에 비해 가격 변동성이 심했던 국내 암호자산 거래소의 비트코인 및 그 외 알트코인[1]의 가격은 많은 사람의 유입으로 일간 최고가와 최저가의 변동폭이 50%를 웃돌 만큼 투자자들에게 '뜨거운 감자'로 부상했다.

문제는 이런 현상이 반복되면서 변동폭이 더욱 커지는 악순환이 발생했다는 데 있다. 가격이 놀라울 정도로 오르내리는 한편, 블록체인blockchain이라는 기술이 대중에게 워낙 생소한 개념이어서 이해하는 데에도 진입장벽이 높았기에 무작정 '나도 일단 사고 보자!'라는 분위기가 만연했기 때문이다.

시간이 흘러, 현재 비트코인은 엘살바도르를 포함하여 다수의 국가가 법정화폐로 인정하거나 합법화를 추진해나가는 움직임을 보이고 있다. 그런가 하면 앤드리슨 호르비츠(a16z)와 세쿼이아 등을 포함한 전통 벤처캐피털, 브리지워터 어소시에이츠 및 브레번 하워드와 같은 글로벌 자산운용사 및 헤지펀드사들 또한 암호자산 사업에 적극적으로 나서고 있다.

대개 신기술의 등장으로 탄생하는 '이머징 산업emerging industry'은 그 기술에 대한 검증이 정밀하게 이뤄지지 않아 짧은 기간에는 기술의 임팩트가 과장되어 전달되는 경향이 있다. 게다가 허위 정보도 어느 정도 끼게 마련이다. 블록체인상에서 새롭게 생겨나는 디파

---

1 일반적으로 비트코인 외의 블록체인들을 통틀어 '알트코인Alt-Coin'이라고 칭한다.

이Decentralized Finance(탈중앙화 금융) 및 NFTNon-Fungible Token(대체 불가능한 토큰) 등의 서비스 시장에서도 비슷한 현상이 반복해서 일어났다. 이렇게 불확실성이 난무하는 상황에서 해당 자산에 투자하기로 마음먹었다면, 투자자는 휘몰아치는 상황에 마냥 휩쓸려 가기보다 기술을 깊이 이해하고 관련 지식을 축적함으로써 불확실성을 줄여야 할 것이다.

　NFT가 자산으로서 어떤 가치를 지닐 수 있는지 집중적으로 분석하기에 앞서 NFT가 기반으로 하는 블록체인이 무엇인지, 왜 사람들이 블록체인과 NFT를 혁신이라 부르는지, 이 기술들이 지향하는 가치가 무엇인지 등을 간단히 살펴보고자 한다. 투자자로서 NFT의 가치를 제대로 이해하는 데 도움이 될 것이다.

신뢰할 필요가 없는 신뢰

블록체인은 단어만 듣고 직관적으로 이해하기는 상당히 어려운 용어다(공학을 전공한 사람이라면 얼추 유추할 수 있을지도 모르지만). 블록체인에서 블록block은 컴퓨터 분야에서 데이터 공간을 나누는 단위로 쓰인다. 그리고 체인chain은 망network과 유사한 개념으로, 통신 시스템상에서 이어져 있는 어떤 환경을 지칭할 때 쓰인다. 그러니 블록체인은 '데이터 공간이 이어져 있는 시스템' 정도로 직역할 수 있다.

하지만 블록체인이 이렇게 단순히 데이터를 분산하여 저장하는 시스템이라면 이토록 많은 사람이 열광하지 않을 것이다. 컴퓨터공학 영역에서는 여러 컴퓨터가 네트워크망을 통해 서로 파일을 공유할 수 있는 '분산 파일 시스템'이라는 개념이 수십 년 전부터 존재해왔는데, 블록체인은 그 이상의 의미를 지니는 '특별한 네트워크'다. 이 특별한 네트워크는 도대체 어떤 것이며, 왜 나오게 됐을까?

비트코인은 현존하는 많은 블록체인에 영감을 준 최초의 블록체인으로 평가받는다.[1] 비트코인은 2008년 10월 31일, 사토시 나카모토Satoshi Nakamoto라는 가명을 사용하는 저자의 〈비트코인: P2P 전자 화폐 시스템Bitcoin: A Peer-to-Peer Electronic Cash System〉이라는 제목의 논문(백서)을 통해 대중에게 처음으로 알려졌다. 이 논문의 핵심은 금융기관(또는 제3자)의 개입 없이 화폐가 발행되며, 구성원들의 주체적인 참여를 통해 상호 간에 자산을 거래할 수 있는 금융 시스템에 대한 아이디어를 제공한 데 있다.

뜨겁다 못해 전 세계적으로 열풍을 일으키고 있는 비트코인 백서를 보면, 얼핏 이런 생각이 드는 사람도 있을 것이다.

'은행 같은 중앙 금융기관 없이 자산을 거래할 수 있다고? 그래서?'

'그게 가능해? 그런데 그게 그 정도로 대단한가?'

1　현재 우리가 알고 있는 블록체인과 비슷한, 상호 간의 신뢰를 기반으로 하는 암호화된 원장 개념은 1980년대부터 제기돼왔으나, 분산형 프로토콜로 발전시켜 디지털 자산의 새 시대를 연 모델은 비트코인이 최초라고 평가된다.

Bitcoin: A Peer-to-Peer Electronic Cash System

Satoshi Nakamoto
satoshin@gmx.com
www.bitcoin.org

Abstract. A purely peer-to-peer version of electronic cash would allow online payments to be sent directly from one party to another without going through a financial institution. Digital signatures provide part of the solution, but the main benefits are lost if a trusted third party is still required to prevent double-spending. We propose a solution to the double-spending problem using a peer-to-peer network. The network timestamps transactions by hashing them into an ongoing chain of hash-based proof-of-work, forming a record that cannot be changed without redoing the proof-of-work. The longest chain not only serves as proof of the sequence of events witnessed, but proof that it came from the largest pool of CPU power. As long as a majority of CPU power is controlled by nodes that are not cooperating to attack the network, they'll generate the longest chain and outpace attackers. The network itself requires minimal structure. Messages are broadcast on a best effort basis, and nodes can leave and rejoin the network at will, accepting the longest proof-of-work chain as proof of what happened while they were gone.

| 비트코인 백서 |
출처_ https://bitcoin.org/bitcoin.pdf

사실 우리 대부분은 금융기관을 중심으로 돌아가는 시스템에서 아무런 불편함을 느끼지 않는다. 오히려 빠르고 간편하게 금융 거래를 하고 있기에, '표준'처럼 여겨지는 현 시스템과 대안은 상상이 잘 되지 않는다. 그런데 이는 우리가 현존하는 금융기관들을 완전히 '신뢰'하고 있기에 가능한 일이다. 엄밀히 말해서, 우리의 통장에 찍힌 잔액 정보는 우리가 출금할 수 있다고 굳게 믿고 있는 데이터 정보일 뿐 실제 가치가 들어 있는 것은 아니다. 그럼에도 우리는 예금을 하고, 친구에게 송금을 하고, 주식을 매수하면서 우리 자산이 갑자기 사라져버릴지도 모른다는 걱정은 거의 하지 않는다.

하지만 금융은 신뢰에 기반한 비즈니스이기 때문에 이 신뢰가 무너지면 우리의 경제 체계가 무너질 수 있다. 역사적으로 미국의 경제 대공황, 서브프라임 모기지 사태,[1] 그리고 심심찮게 들리는 은행 직원의 횡령 및 데이터 조작 사건이나 고객 정보 유출 사건 등은 법정화폐 및 금융에 대한 신뢰를 크게 약화시켰다. 만약 우리가 중앙 기관을 신뢰해야 하는 리스크 없이 그냥 거래 주체 간에 금융 활동을 자유롭게 할 수 있다면, 신원 확인 등의 과정이 간소화될 뿐만 아니라 중개자에게 막대한 수수료를 지급할 필요도 없어질 것이다.[2] 이런 과정을 인센티브 구조를 통해 참여자들이 자발적으로 운영할 수 있게 하고, 투명하게 관리되도록 설계한 시스템이 바로 블록체인이다. 요컨대 비트코인이나 이더리움Ethereum[3]과 같은 블록체인은 신뢰를 할 필요가 없을 정도로 신뢰할 만한 시스템이기 때문에 기존 금융 시스템상에서는 할 수

---

1 비트코인의 첫 번째 블록Genesis Block에는 사토시 나카모토가 'The Times 03/Jan/2009 Chancellor on brink of second bailout for banks(2009년 1월 3일 더 타임스, 은행들의 두 번째 구제금융을 앞두고 있는 U.K. 재무장관)'라는 문구를 남겨, 금융위기 사태에 대한 미국 정부의 대처를 비판했다.

2 해외 송금의 경험이 있다면, 송금하는 데 시간이 오래 걸리고 과정이 복잡할 뿐만 아니라 수수료 또한 만만치 않다는 것을 알 것이다. 특히 환율이 불안정한 나라들에 송금할 때는 이런 불편함이 더욱 심하다.

3 비트코인에서 영감을 받은 이더리움 및 타 블록체인들은 여러 가지 기능을 담은 '스마트 콘트랙트Smart Contract'라고 하는 것을 블록에 추가함으로써, 단순히 가치의 저장 및 전송뿐만 아니라 이를 응용하여 다양한 기능을 가진 탈중앙화 애플리케이션Decentralized Application, Dapp이 해당 체인 상에서 구동될 수 있도록 했다.

없었던 가치 저장 및 전송 수단으로서의 역할을 할 수 있는 것이다. 이 것이 우리가 블록체인을 혁신이라고 부르는 이유다.

중앙 집중형 구조	블록체인
데이터의 주권이 중앙 관리자에게 집중화되어 있어 단일 실패 지점[4]의 리스크가 존재한다.	불특정 다수의 참여자가 합의한 알고리즘에 따라 데이터를 입력할 수 있으며, 이미 저장된 데이터는 수정·삭제가 불가능하다.
제한된 인원만(Permissioned) 관리할 수 있어 폐쇄적이다.	허가가 필요 없이(Permissionless) 누구나 참여할 수 있는 구조로, 개방적이다.
거래를 매개하는 위한 중앙 주체가 많기 때문에 거래 처리 과정이 복잡하고, 그 과정에서 비용이 많이 든다.	블록체인 네트워크상에서 모든 거래가 이루어지므로, 거래 과정이 기존 금융보다 간소하고 효율적이다.
금융 시스템을 구축하는 데 많은 비용이 든다.	금융상품을 누구나 손쉽게 프로그래밍 코드로 설계할 수 있고, 모든 비즈니스 로직이 공개되어 있다.[5]
시스템을 관리할 주체가 항상 필요하며, 시스템이 셧다운(Shut Down)될 리스크가 존재한다.	블록을 생성하고 검증하는 주체가 있는 이상, 시스템이 셧다운될 리스크가 거의 존재하지 않는다.

| 중앙 집중형 구조 vs. 블록체인 |

4   시스템이 중앙 집중화된 요소에 의존하면, 그 요소에 장애가 발생할 경우 시스템 전체의 운영이 중단되는 리스크가 존재한다. 이 중앙 집중화된 요소를 '단일 실패 지점single point of failure'이라고 한다. 탈중앙적 구조의 의의는 단일 실패 지점의 리스크를 회피하는 데 있다.

5   비트코인은 현재 고도화된 스마트 콘트랙트를 지원하지 않지만, 이더리움 등 대부분의 다른 체인은 각각이 채택한 프로그래밍 언어로 고유한 스마트 콘트랙트를 지원하고 있다.

그러면 블록체인은 어떻게 해서 신뢰할 필요가 없는 신뢰를 구축할까? 블록체인상에서 발생한 거래는 모두 개인 원장ledger에 기록된다. 그리고 블록체인 네트워크에 참여하는 사람들은 개인 원장에 기록된 모든 정보를 비교·대조하며 같은지 확인한다. 만일 원장들 간에 기록된 정보가 다를 경우, 참여자들 간 '합의'를 거쳐 하나의 정보로 통일하게 된다. 만일 어떤 악의적인 참여자가 옳지 않은 정보에 대해 네트워크가 합의를 하게 하려면, 블록체인상에서 합의에 필요한 정족수 이상의 참여자들을 설득하거나 그에 상응하는 투표력voting power을 가져야한다. 대다수의 블록체인에서는 이런 과정이 매우 어렵기 때문에,[1] 블록에 올라가는 데이터를 위·변조하기가 어렵다고 말하는 것이다.

그런데 블록체인이 이렇게 참여자 모두에 의해 투명하게 관리되는 '불변하는 분산 원장'이라는 것까지는 이해한다 치더라도, 불특정 다수의 참여자는 이를 왜 관리하는 걸까?

바로, 관리를 하는 주체들에게 '보상(인센티브)'을 주기 때문이다. 데이터가 모인 블록이 생성되기 이전에 채굴자miner 또는 검증인validator이라고 하는 주체들이 입력된 데이터가 유효한지 검증하여

---

1   이런 합의 알고리즘이 블록체인의 탈중앙성을 보장하는 수단이며, 이로 인해 블록체인은 보안성을 획득할 수 있다. 비트코인은 작업증명Proof of Work, PoW이라는 합의 알고리즘을 사용하는데, 이 합의 알고리즘은 블록체인마다 다르다. 대개 합의에 필요한 참여자들이 많은 합의 알고리즘들은 탈중앙성과 보안성이 우수한 대신, 합의가 되어 블록에 올라가는 속도가 늦어진다. 즉, 블록체인은 탈중앙성과 보안성 그리고 속도(확장성)를 모두 동시에 달성하기 어려운데, 이를 블록체인의 트릴레마trilemma라고 한다.

최종적으로 블록이 만들어질 시간 정보를 포함하여 데이터 블록을 생성하는데, 이때 이 검증인들은 참여자들이 거래를 발생시킬 때 내는 수수료 그리고 검증 및 블록 생성의 대가로 비트코인과 같은 보상을 받게 된다.[2] 요컨대 블록체인은 인센티브 구조[3]에 기반하여 다수 구성원의 자발적인 참여로 구동되며, 누구에게나 공개되어 있고 불변하는 투명한 분산 원장인 것이다.

블록체인의 현재와 추구하는 가치

앞서 살펴봤듯, 블록체인은 기존 금융 시스템의 구조적인 문제에서 출발했기 때문에 본질적으로 금융이 가장 큰 유스케이스use-case다. 블록체인이 궁극적으로 지향하는 철학은 '개인의 효용을 극대화할 수 있는 행동들이 모였을 때 탈중앙성이 달성되도록 설계된 중립적인 시스템'이다. 즉, 블록체인의 탈중앙성은 그 자체로 목적이 아닌, 어떤 행위를 수행하기 위한 수단으로써 이용된다. 이런 철학 아래 블록체인 생태계 내에서는 참으로 다양한 키워드와 새로운 서비스 형태가 양산됐다.

2 　비트코인처럼 작업증명PoW의 합의 과정을 거치는 체인들은 이 검증인들을 '채굴자'라고 부른다. 체인마다 합의 과정이 조금씩 다른데, 이에 대해서는 본 책의 범위를 벗어나므로 설명을 생략한다.

3 　따라서 토큰 경제Token Economy(토큰을 만들고 그것이 쓰일 실물 경제 시스템을 설계하는 것)는 블록체인의 필수 요소라고 할 수 있다.

디파이 생태계에서는 기존 금융권이 수십 년간 연구해온 증권화된 파생 금융상품들을 프로그래밍 코드 단 몇 줄로 누구나 구현할 수 있다. 또한 이 코드들이 모두 공개되어 있어 원하는 요소들을 짜깁기하여 새로운 상품을 재빠르게 만들어낼 수도 있다.[1] 'DAODecentralized Autonomous Organization(탈중앙화 자율 조직)'라는 조직 운영 형태는 사람들이 자체적으로 투명하고 공정한 방식으로 조직을 운영할 수 있게 하며, 결정된 사안들은 프로그래밍 코드를 통해 자동으로 운영된다.

'NFT'는 대체 불가능한 속성을 지니고 있어서 산업계 전반에 특정한 재화의 '소유권'을 증명할 수 있는 수단으로 널리 응용되고 있다. 웹3이라는 키워드는 블록체인과 더불어 데이터 주권이 기존의 플랫폼이 아닌 사용자들에게 있음을 강조하며, 많은 형태의 비즈니스를 양산하고 있다. 어떻게 보면 기존에 있던 시스템에 '신뢰와 보상'이라는 하나의 가치를 파고들어 구조를 탈중앙적으로 변형시켰을 뿐인데, 전 세계를 뒤흔들 만큼 놀라운 파급력을 가져오고 있는 것이다.

하지만 앞서 강조했듯, 빠르게 주목받으며 성장하고 있는 서비스인 만큼 검증이 제대로 이루어질 시간이 부족하기 때문에 각 키워드에 대해서는 보다 정확하고 조심스러운 접근을 취해야 한다. 예컨대 서비스를 구성하는 모든 프로그래밍 코드가 일반인들에게 공개됐다고 해서

---

1 디파이 서비스 AAVE의 창업자 스타니 쿨레초프가 이렇게 모듈화된 기능을 가져다가 레고처럼 조립하여 새로운 서비스를 만들 수 있다고 하여 '머니 레고Money Lego'라고 칭했고, 이 용어는 현재 업계에서 널리 쓰이고 있다.

디파이가 정말로 안전할까? 코드상의 결함 탓에 실제로 수십억 단위 규모의 디파이 해킹 피해 사례가 심심찮게 발생했다. 보험에 가입할 때 계약서를 꼼꼼히 읽어보고 서명하지 않듯이, 모든 디파이 이용자가 디파이 서비스의 코드를 면밀히 살펴보지 않기 때문이다.[2]

또한 DAO가 정말 이상적인 형태의 조직 구조일까? 보상이 명확하게 드러나야 하는 경우가 아니고서야, 기존의 효율적인 '서열 시스템' 보다 더 낫다고 할 수는 없으며, 모든 참여자가 합의된 규율을 통해 '적극적인' 참여를 이뤘을 때만 DAO의 진가가 비로소 발휘된다. 뒤에서 자세히 다룰 테지만, NFT 역시 주목받는 비즈니스 중 하나임에도 현재 '먹튀' 프로젝트가 굉장히 많은 편이다. 또한 불행하게도, 빠르게 성장하는 산업에서는 의도했든 아니든 기술의 결함 때문에 피해를 볼 수 있는 리스크가 굉장히 크다.

그리고 근본적으로, 기술의 완성도가 높아진다고 해도 '얼마나 많은 사람이 탈중앙화 시스템을 이용하고 싶어 할까?'에 대한 질문은 끊임없이 해야 한다. 민주적이고 개인적인 관점에서 탈중앙화 시스템은 철학적으로 '이상적일 수' 있다. 하지만 모든 사람이 자발적으로 시스템에 참여하는 것을 선호하지는 않을 것이며, 오히려 경우에 따라서는 이미 익숙한 중앙화된 시스템에 의존하는 것이 이용자의 효용을 더 높

2　특정 디파이 서비스의 모든 코드를 감사하는 오딧Audit 업체가 많이 생겨났는데, 디파이 서비스는 출시하기 전에 복수 개의 오딧 업체에서 코드 감사를 받고 이를 인증하는 것이 일반화됐다.

이는 방법일 수 있다. 사람들이 더 많이 채택mass-adoption하게 하려면 많은 검증과 실험 그리고 건전한 규제를 통한 구조적인 개선이 이루어져야 할 것이다.

물론 이용자나 투자자들에게도 큰 책임이 따른다. 정확하고 냉철한 분석을 통해 서비스에 객관적으로 반응해주어야 블록체인이라는 기술이 건강한 생태계를 구축하는 데 큰 보탬이 될 수 있다.

지금까지 블록체인이 어떤 기조로 탄생했고, 어떤 서비스 키워드를 양산해냈는지 간략하게나마 살펴봤다. 사람들의 많은 관심에 비해 기술과 시장이 아직 성숙하지 못한 상태이지만, 블록체인이 제시하는 방향이 옳다고 생각하는 사람들이 점점 많아지고 있다는 사실에 주목할 필요가 있다. 블록체인의 탄생과 본질 그리고 블록체인이 추구하는 가치를 정확히 이해하고자 노력한다면 NFT, 디파이, 웹3 등의 키워드뿐만 아니라 앞으로 블록체인으로부터 더욱 다양하게 파생될 서비스를 분석하는 데에도 커다란 도움이 되리라고 확신한다.

Chapter 2

NFT는
어떻게 작동하는가

오래된 친구나 친척들을 만나 근황을 주고받을 때가 있는데, 트렌드가 빨리 바뀌는 IT나 공학 계열에 종사하는 사람들이라면 자신이 하고 있는 일을 설명하기가 난감했던 적이 더러 있을 것이다. 요즘은 자기소개를 하는 자리에서 "블록체인 연구합니다"라고 말하는 대신 "NFT의 근간이 되는 기술을 연구하고 있습니다"라고 하면 대화하기가 한층 수월함을 느낀다. 그만큼 NFT는 많은 산업, 특히 메타버스 관련 IT 기업들에 채택되면서 블록체인과 대중을 잇는 역할을 하고 있다.

실제로 NFT에 관한 기사들은 2021년 하반기부터 두드러졌는데, 상반기에 BAYCBored Ape Yacht Club(보어드 에이프 요트 클럽) 등을 포함

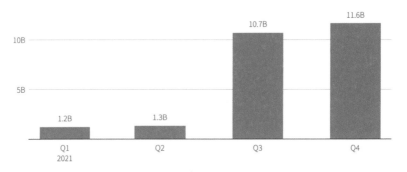

NFT sales climb to $11.6 billion in Q4 - DappRadar

Quarterly non-fungible token sales volumes across multiple blockchains, in U.S. dollars

Note: Data excludes "off-chain" sales.
Source: DappRadar

분기별 온체인상에서 집계된 NFT 거래량(2021년)
출처_ https://www.reuters.com/markets/europe/nft-sales-hit-25-billion-2021-growth-shows-signs-slowing-2022-01-10/

한 소수 NFT 프로젝트의 성공이 NFT의 추후 메타버스 활용 및 타 유틸리티에 관한 내러티브narrative를 활발하게 불러온 것으로 유추된다. 블록체인상에서 발생한 거래 데이터를 다루는 통계 기관 댑레이더DappRadar에 따르면, 2021년 상반기에 약 25억 달러 규모였던 NFT 시장이 2분기 만에 250억 달러 규모로 급성장했다. 또 다른 NFT 통계 및 리서치 기관인 논펀저블닷컴Nonfungible.com의 자료에 따르면, 특히 8~11월에 신규 유입자가 급증하면서 다수의 거래를 형성했다.

그렇다면 NFT는 무엇이며, 어떤 배경에서 탄생한 것일까? 블록체인상에서 만들어져 동작하는 토큰이라는 점은 알고 있는데, 도대체 어

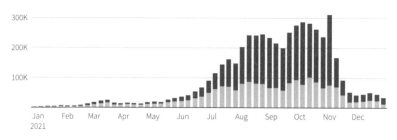

Weekly NFT buyers - NonFungible.com
Number of wallets buying non-fungible tokens on the ethereum blockchain per week

● primary market ● secondary market

Note: Data only shows transactions on the ethereum blockchain and excludes "off-chain" sales. Figures for January to September have been revised higher than earlier estimates as NonFungible.com said it added more data sources.
Source: NonFungible.com

| 주별 온체인상에서 집계된, NFT를 구입한 고유 지갑의 수(2021년) |
출처_ https://www.reuters.com/markets/europe/nft-sales-hit-25-billion-2021-growth-shows-signs-slowing-2022-01-10/

떻게 동작하는 걸까? 코인과 토큰이라는 개념이 헷갈리는데, 둘은 어떻게 다를까?

지금부터 코인과 토큰의 차이, NFT의 개념 그리고 체인상에서 NFT가 어떻게 동작하는지를 간략히 살펴보자.

코인과 토큰, FT와 NFT

앞에서 블록체인상에서 검증인들은 합의 과정을 통해 거래 내역들을 검증하고 블록을 생성하는 대가로 보상을 받는다고 했다. 이렇게 자체적인 합의 알고리즘이 존재하는 블록체인상에서 거래 및 다양한 활동을 하는 데 기축통화로 쓰이는 재화를 '코인coin'이라고 한다. 비트코인, 이더리움, 솔라나Solana 같은 코인들이 대표적인 예다.

이와 유사한 개념으로 '토큰token'이 있는데, 특정 체인 위에서 동작하는 서비스Dapp가 체인에서 지원하는 표준 모듈로 자체 구현한 유틸리티성 재화를 가리킨다. 예컨대 각 서비스는 이더리움 체인상의 ERC-20[1]이라는 표준을 이용하여 자체적인 서비스를 위한 유틸리티성 재화를 생산해낼 수 있는데, 블록체인 기반 메타버스 프로젝트인

---

1   ERC는 'Ethereum Request for Comment'의 약자로, 이더리움 체인상에서 표준으로 통용될 수 있는 프로토콜 규격을 의미한다. 체인들에는 저마다 맞는 규격이 존재하는데, 체인 개발진과 커뮤니티가 함께 만들어간다.

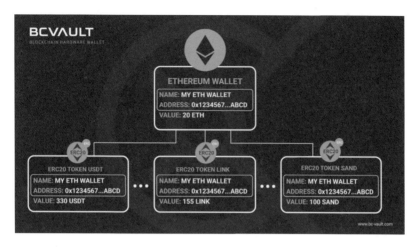

| 동일한 표준을 따르는 토큰들 |

출처_ https://support.bc-vault.com/support/solutions/articles/43000513488-how-are-
erc20-tokens-and-ethereum-eth-related-

더샌드박스The Sandbox의 샌드SAND가 ERC-20 모듈로 구현된 토큰이다. 더샌드박스 토큰은 ERC-20 표준을 따르는 다른 토큰(LINK, USDT 등)과 동일한 구조로 되어 있어, 이더리움 체인상에서 전송·교환 등의 상호작용이 가능하다.

앞서 블록체인은 거래가 확정되는[2] 과정에서 '가치를 저장하고, 전송하는 수단'이라는 역할을 할 수 있기에 혁신으로 불린다고 언급했는데, 코인(또는 토큰)이 여기서 말하는 가치(유틸리티)다. 이는 확정된 블

---

2   블록체인상에서 발생시킨 거래가 검증자들의 합의 과정을 통해 검증돼 블록에 새겨지는 과정을 '확정된다Finalize'라고 한다.

록체인의 거래 내역이 모두 신뢰할 수 있으며 투명하게 공개되기 때문에 가능한 것이다. 그런데 '만약 이런 블록체인의 특성을 이용한다면, 코인·토큰과 같은 암호화된 통화뿐만 아니라, 어떤 자산이라도 거래가 가능하지 않을까?'라는 아이디어가 나오게 됐다.

NFT의 본질적인 가치와 내러티브는 바로 여기로부터 나온다. 불변하고 지워지지 않는 데이터 블록에 특정 자산에 대한 정보 및 소유·양도의 권리를 명시하고, 이를 많은 참여자에게 인정받을 수 있다면, 블록체인 시스템을 통해 해당 자산의 거래가 가능해진다. 즉, NFT는 신뢰할 수 있는 소유권 증명에 더해, 다양한 종류의 가치 저장 및 전송 수단을 토큰으로써 풀어낸 것이다.

NFT는 'Non-Fungible Token'의 약자로, 직역하면 '대체 불가능한 토큰'이라는 의미가 된다. 그런데 왜 다양한 자산에 대한 소유권을 증명하고, 가치를 저장·전송할 수 있는 수단을 '대체 불가능한 토큰'이라고 표현한 것일까?

현재 디지털상에서는 누구나 손쉽게 데이터를 복제할 수 있다는 리스크가 존재하기 때문에 음원, 디지털 예술 작품, 부동산과 같은 다양한 자산을 직접 거래하는 데에는 많은 제약이 따른다. 따라서 다양한 자산이 그런 리스크 없이 거래가 되기 위해서는 그 자산이 디지털상에서도 고유하다는 것이 입증되어야 하는데, 대체 불가능한 토큰이라는 이름의 NFT가 바로 거래되는 자산의 고유성을 보장해주는 기술이다. 코인 그리고 (NFT가 아닌) 토큰과 같이 통화적 성격을 띠는 대체 가능한

FUNGIBLE　　　　　**NON-FUNGIBLE**

| FT vs. NFT |

출처_ https://gadgetstouse.com/blog/2021/10/11/what-is-nft-how-nfts-work-should-you-invest-in-them/

토큰Fungible Token, FT과 구분하기 위하여 NFT라는 용어가 탄생했다. 조금 더 쉽게 이해하기 위해 대체 가능한 토큰이라는 개념을 일상생활에서 쓰는 돈에 대입하여 생각해보자.

다음과 같은 상황을 가정해보자.

'마트에서 2,000원짜리 과자를 사면서 5,000원을 냈더니, 직원이 3,000원을 거슬러주었다. 이때 옆에 있던 친구가 3,000원짜리 과자를 먹고 싶다고 해서 3,000원을 빌려주었더니, 그가 며칠 뒤 나에게 3,000원을 갚았다.'

이 상황에서는 두 가지 포인트가 존재한다. 첫째, 내가 가지고 있던 5,000원은 '쪼개질 수fungible' 있다는 것이다. 5,000원이 2,000원과 3,000원이라는 실물로 쪼개졌고, 각각이 지니는 가치 또한 그에 맞게 나누어졌다. 그리고 내가 빌려준 3,000원과 친구가 갚은 3,000원은 '동일한 가치'를 지닌다. 블록체인에서는 이렇게 쪼갤 수 있고 수량에 따라 동일한 가치를 지니는 코인(또는 토큰)을 대체 가능한 토큰이라고 분류한다.

리츠Real Estate Investment Trusts와 같은 파생상품 또는 제3자의 공증 없이 이뤄지는 상호 간의 일반적인 거래에서는 내가 임의로 부동산의 소유권을 쪼갤 수 없다.[1] 그런데 이더리움 체인[2]상에서는 ERC-721이라는 표준을 통해 NFT를 구현하고 있다.[3] ERC-721 표준에 따라 개별 NFT는 현재 토큰의 소유자, 토큰의 거래 내역, 토큰의 창작자, 토큰의 메타데이터(NFT의 이름, 이미지 그리고 설명 등) 정보를 체인상에 기록하게 된다.

지금까지 NFT 열풍을 조금 더 본질적으로 이해하기 위하여 NFT의

---

1 NFT 시장에는 유동성 부족 문제를 해결하기 위해 또 다른 기술을 써서 NFT를 증권화한 프로젝트가 존재하는데, 이는 PART 2. 'NFT 거래에 가장 시급한 것: 유동성'에서 다룬다.

2 체인마다 고유한 표준이 있다. 예를 들어 시크릿 네트워크 체인SCRT의 NFT 표준은 SNIP-721이다.

3 'ERC-1155'라는 표준도 존재하는데, 쉽게 말해 ERC-721의 표준을 가진 NFT를 묶어서 거래를 할 수 있도록 지원하는 표준이다.

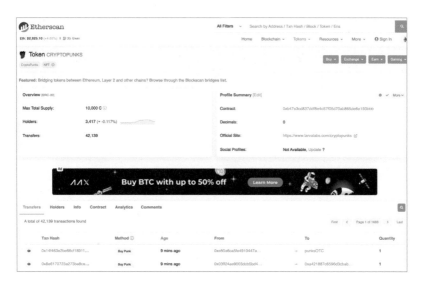

| 블록체인에 기록된 크립토펑크 NFT의 거래 내역 |
출처_ Etherscan

의미, NFT의 근간이 되는 블록체인이라는 기술에 담긴 철학을 살펴봤다.[4] 간략하게 다루긴 했지만, 앞으로 소개할 NFT 프로젝트들이 어떤 문제를 풀고자 나오게 됐는지, NFT 생태계는 어떤 방향성을 가지고 발전해나가고 있는지에 대해 더욱 비판적인 시각을 갖게 됐기를 바란다.

그럼 이제 내러티브가 만연한, 드넓은 NFT 세계에서 투자자들은 어떤 기준을 가지고 NFT 프로젝트에 접근해야 하는지 살펴보자.

---

4 더욱 자세한 내용을 알고 싶다면, 'PART 1'에서 다룬 키워드들을 구글에서 영어로 쳐서 공부해보길 권한다. 국내에서는 아직까지 신뢰할 만큼 정확하고 잘 정리된 자료를 찾기 힘들다.

자산으로서의 NFT

NFT의 가치평가, 무엇을 고려해야 하나

'OO NFT 프로젝트 작품, ×억에 낙찰'이라는 뉴스 헤드라인은 이제 더 이상 놀랍지 않다. 삼성, 카카오, 네이버, YG · SM엔터테인먼트 등 내로라하는 국내 유수 기업들도 'NFT', 'P2EPlay-to-Earn 게임'[1]이라는 키워드하에 메타버스 사업 진출을 본격적으로 선언했다.

2021년에 NFT는 메타버스와 함께 가히 'NFT의 해'라고 해도 과언이 아닐 정도로 수많은 화젯거리를 낳았다. 위 · 변조가 불가능하다는 구조적인 특징으로, 희소성과 고유성을 지니기에 어떤 재화에 대한 소유권을 증명할 수 있고, 여기서 파생되는 유틸리티들을 논하는 NFT의 '내러티브'는 일반 소비자뿐만 아니라 산업계, 특히 1인 창작자(또는 크리에이터)들을 뒤흔들고 있다. 한편으론 거품 논란도 끊이지 않는데, 이런 이머징 마켓emerging market은 짧은 시간에 급격히 성장하기에 정량화된 분석이 제대로 뒷받침되지 않기 때문이다.

주변에서 내러티브는 많이 들려오지만, 제대로 분석도 되지 않은 이 자산에 도대체 투자를 해야 하는 걸까 말아야 하는 걸까? NFT나 블록체인을 접해본 적이 없는 사람들을 앞혀놓고 NFT에 대해 간략하게 설명을 해준 뒤, 거래가 활발히 일어나고 있는 유명한 NFT들을 보여주면 대개 두 부류의 반응이 나온다.

'아무리 그래도 그렇지. 저 간단한 픽셀 이미지 조각이 저렇게 비싸다고? 이런 건 절대 못 사지….'

---

1 암호자산의 토큰 경제를 게임에 도입함으로써, 플레이를 통해 수익을 창출할 수 있게 한 게임 모델

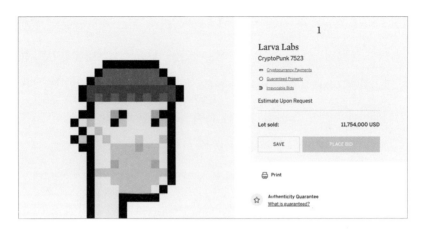

| 1,175만 달러에 팔린 크립토펑크 #7523 |
출처_ Sothby's

'와, 그게 이 정도나 호가할 정도로 그렇게 대단한 기술이야? 나도 괜찮은 NFT 하나 찾아볼까?'

정반대의 반응이지만 양쪽의 공통점이 있는데, 무엇보다 가격에 놀란다는 것이다. NFT, 나아가 블록체인의 철학을 이해하지 못하는 사람이라면 단순한 NFT의 외형과 이 NFT가 주장하는 판매가가 너무나 생뚱맞게 느껴질 것이다. 두 부류의 차이점도 있다. 바로 태도가 다르다는 것으로, 후자는 NFT의 내러티브에 영업당한 것이다.

그러면 이 후자의 부류들은 NFT를 정말로 구매할까, 하지 않을까? 여기서 바로 '가치평가'의 과정이 일어난다. 저마다의 가치평가 결과에 따라 NFT를 사지 않을 수도 있고, 적당한 가격의 NFT를 살 수도 있으며, 여러 개의 매우 비싼 NFT를 살 수도 있다.

먼저, NFT에 대한 내러티브가 어떻게 이루어지는지 간략히 살펴보자. 그런 다음 가치를 평가할 때 해당 NFT가 기반하는 체인이 왜 중요하며, 프로젝트의 어떤 요소들이 NFT의 가격에 영향을 끼치는지, 나아가 현재 가격을 예측하려는 시도는 어떻게 이루어지고 있는지 소개하기로 한다.

내러티브

경제학자 로버트 쉴러는 《내러티브 경제학Narrative Economy》에서 "'경제 내러티브'란 사람들의 경제적 의사결정을 바꿀 수 있는 전염성 강한 이야기를 가리키며, 비트코인이 성공적인 경제 내러티브인 이유는 전염성이 높고 실제로 세계 곳곳에서 경제적 변화를 야기했기 때문이다"라고 했다. 여기서 '이야기'의 형태는 일상생활에서 쉽게 접할 수 있는 글이나 이론, 소문 등 여러 모습을 띨 수 있다.

사람들의 통념을 바꿔놓을 정도로 흥미로운 이야기는 쉽고 빠르게 전파되고, 얼마 지나지 않아 여론을 형성한다. 여론은 곧 사람들 사이에서 '트렌드trend'라는 이름으로 자리 잡게 되고, 실체화되지 않은 트렌드는 '거품bubble'을 형성하게 된다. 거품이 터져서 한순간의 유행으로 끝날지, 아니면 굳어져서 패러다임paradigm을 바꿀지에 대해 수많은 시도와 평가가 이루어진다. 이 기간에는 내러티브가 사람들을 유인하는 수단인 동시에 가치평가의 도구 변수로서 투자를 돕는 유의미한 요소로 작용한다.

블록체인은 새로운 가치를 구체화해나가고 있으며, 이 시장에는 하루가 다르게 많은 자금이 유입되고 있다. 실체가 세상에 조금씩 드러나면서 그간 오르내렸던 내러티브의 가치를 증명해 보이고 있다. 그에 따라 자연히 블록체인 내에서도 다양한 서비스가 나타났고, 각각의 서비스에 대한 내러티브가 또다시 새롭게 만들어졌다. 가장 대표적인 사례가 바로 디파이와 NFT에 관한 내러티브다.

NFT에 대한 내러티브는 현재 학계와 산업계를 망라하고 메타버스와 엮여 대중적으로 가장 많은 관심을 받고 있다. 국내외 유수의 기업들뿐만 아니라 소비자, 특히 예술 계열에 종사하는 아티스트나 콘텐츠 제작자 등 개인 레벨에서도 NFT에 대한 다양한 시도가 이뤄지고 있으며 수많은 창작물이 쏟아져 나오고 있다. 하지만 아직까지 '어떤 NFT가 얼마에 팔렸다더라' 또는 '어떤 NFT는 어느 브랜드와 협업해서 새로 뭘 하려 한다더라' 정도의 정보성 기사만 난무할 뿐, 세상에 뚜렷하게 증명해 보일 수 있는 '분명한 실체'는 나오지 않았다. 이에 투자자들은 가장 값어치 있는 실체를 내보일 보석을 찾아내기 위해 직접 내러티브의 바닷속으로 뛰어든다. [1]

---

1 NFT 프로젝트에 대한 정보뿐만 아니라 NFT 생태계 전반에 대한 인사이트를 얻기 위해 NFT-NYC 나 NFT 부산 등 국내외 학회에 참석하거나 회고해보는 것도 좋은 방법이다.

어떤 내러티브가
투자자들의 관심을 끌고 있을까?

NFT의 정의와 구조에서 파생되는 커다란 내러티브가 다양한 이들을 NFT 시장으로 끌어들였다면, NFT 시장을 구성하고 있는 개별 NFT 프로젝트는 그 많은 사람들을 자신들의 프로젝트에 포함시키기 위해 저마다의 자그마한 내러티브를 구성했다. 사실 NFT 시장의 극초창기 때는 단순한 아트 작품들에도 큰 관심이 쏠리곤 했다. NFT 자체가 가지고 있는 내재가치보다는 NFT라는 기술이 가진 고유성이라는 특성, 즉 껍데기에 이목이 쏠렸기 때문이다. 하지만 NFT가 점점 메타버스와 엮여 시너지 효과를 낼 것으로 평가되고, 내재가치에 관한 논의들이 지속적으로 언급되면서 사람들은 NFT가 감싸고 있는 실체, 즉 유틸리티에 기반한 내재가치에 조금 더 관심을 갖게 됐다.

현재 관심이 집중되는 NFT는 대부분 게임과 패션 영역을 포함하는, 메타버스상에서 사용할 수 있는 아바타성 NFT들이다. 특히 BAYC 프로젝트가 큰 성공을 거두면서[2] 이 프로젝트의 출시 프레임워크가 하나의 내러티브 트렌드가 됐다. NFT 프로젝트에 대한 내러티브를 구성하는 요소는 다음과 같이 구분해서 볼 수 있다.

---

2 2021년 4월, NFT 1개당 0.08ETH(당시 환율 기준 약 20만 원)의 가격으로 출시된 BAYC는 2022년 4월 현재 100ETH(현재 환율 기준 약 4억 원)를 호가하며, 가장 가치가 있는 NFT 프로젝트 중 하나로 꼽힌다.

| BAYC NFT |
출처_ BAYC 홈페이지

첫 번째는 '콘셉트의 독창성'과 그에 걸맞은 '외형'이다. BAYC는 더 이상 정복할 것이 남아 있지 않아 지루해하는 유인원을 감각적인 디자인으로 표현했다. '힙'한 분위기를 연출하는 개별 NFT는 사람들의 이목을 끈다. 게임을 하면서 캐릭터를 예쁘게 꾸미듯, NFT 또한 메타버스상에서 남들에게 비치는 또는 내가 계속해서 보고 싶은 외형이다.

따라서 특별한 유틸리티가 없어도 독특한 디자인의 외형은 많은 사람의 관심을 받는다.

두 번째는 '로드맵'과 '멤버십 운영'이다. 커뮤니티를 통해 프로젝트의 방향성에 대해 소유자들과 끊임없이 소통하고, 특정 타임라인마다 NFT를 추가로 증정하는 이벤트를 열어[1] 보유자들에게 가치를 직접적으로 제공하는 사례가 대표적이다. 또한 NFT를 활용한 디파이 서비스, 특정 메타버스 및 타 프로젝트와의 협업 등 NFT가 잠재적으로 가치 흐름을 만들 수 있게 하여 간접적으로 가치를 전달하기도 한다.[2] 단순 일회성 NFT 수집에 그치지 않고, 보유자들이 지속적인 가치를 제공받을 수 있도록 구성된 로드맵은 두터운 신뢰를 형성하게 하여 소비자들을 유인하는 핵심 내러티브로 여겨지고 있다.

프로젝트들은 출시를 앞두고 이런 프레임워크를 저마다의 내러티브로 앞세워 투자자들을 모집한다. 또한 NFT 프로젝트들은 유명 인사나 기업가, 아티스트가 관심을 표할 때 높은 수익으로 이어지는 경우가 많다. 출시 이후 이런 뉴스거리도 투자자들이 가장 눈여겨보는 내러티브 중 하나다. 실제로 BAYC는 미국의 스포츠·엔터테인먼트계 유명

---

1 이를 에어드롭airdrop이라고 한다.

2 BAYC 프로젝트는 보유자들을 대상으로, 보유하고 있는 보어드 에이프Bored Ape NFT 개수와 1:1로 대응되게 보어드 에이프 켄넬 클럽Bored Ape Kennel Club이라고 하는 애완견 NFT, 그리고 디센트럴랜드Decentraland 메타버스상에서 활용할 수 있는 웨어러블 NFT를 에어드롭했다. 또한 더샌드박스와 같은 메타버스 플랫폼뿐만 아니라 아디다스 등과 같은 패션 브랜드와도 협업하며 현실 세계와의 접점을 만들어내고 있다.

| 축구선수 네이마르가 구매한 BAYC |
출처: Twitter

인사인 에미넘, 포스트 말론, 스테판 커리를 포함하여 최근에는 세계
적인 축구선수인 파리·생제르맹 FC의 네이마르까지 보유자 행렬에 합
류하며 투자자들에게 가치를 확신시켜주고 있다.

이런 아바타성 NFT의 출시 프레임워크와 더불어 주목받는 또 하나
의 내러티브는 다양하게 확장되는 유틸리티다. 하지만 다양한 유틸리

| 메사리 리포트의 창립자이자 CEO인 라이언 셀키스(Ryan Selkis)가 구매한 갈락틱 펑크 |
출처_ Twitter

티를 활용한 프로젝트들은 아직 실험적인 단계에 머물러 있는 경우가
많으며, 게임과 패션 산업에서 활발히 사용되는 아바타성 NFT만큼은
투자가 이루어지고 있지 않다(확장되는 유틸리티와 관련해서는 PART 2. '터
지는 거품일까, 굳어가는 돌일까?'에서 상세히 다룬다).

소통 창구

현재 블록체인, 디파이, NFT 같은 블록체인과 관련된 서비스의 소통 창구는 범국가적으로 열린 소통을 할 수 있는 SNS 채널인 트위터Twitter, 디스코드Discord, 텔레그램Telegram이 거의 지배적이다. 특히 트위터는 많은 사람으로부터 다양한 최신 정보를 접할 수 있는, 그야말로 실시간 내러티브의 현장이다.

트위터를 통해 어떤 체인에서 어떤 새로운 프로젝트가 탄생할지 트래킹을 하거나, 어떤 유명 인사가 특정 NFT 프로젝트의 작품을 구매했다거나, 어떤 프로젝트가 유명 브랜드와 협업하여 생태계 확장을 꾀하고 있다거나 하는 등의 뉴스도 가장 빠르게 팔로업할 수 있다.

또한 유명한 아티스트[1]나 기존의 유명한 프로젝트를 제작한 경험이 있는 아티스트가 어떤 신규 프로젝트를 진행하는지도 투자자들이 눈여겨보는 요소 중 하나다.[2] 대부분의 최신 정보는 트위터에서 파생되어 기사화된다. 트위터를 주시하던 투자자들은 실시간으로 댓글을 달거나 리트윗 등으로 반응하고, 동시에 다른 반응들을 참고하여 생태계를 빠

---

1 트위터상에서 유명한 수집가를 팔로업하면 다양한 프로젝트에 대한 통찰력을 얻을 수 있을 뿐만 아니라, 그들이 관심을 갖고 있는 프로젝트도 볼 수 있다. 현재 가장 영향력이 있는 트위터 계정은 Deeze, Farokh Sarmad, RealMissNFT, Gary Vaynerchuk, punk4156, punk6529, Loopify, DCinvestor, Andrew Wang 등이다.

2 33nft, foundation.app/blog, https://cryptoart.io/artists 등 NFT 아티스트들에 대한 정보를 볼 수 있는 사이트들을 팔로업해도 좋다.

르게 따라잡는다.

만일 투자자가 트위터상에서 관심이 가는 NFT 프로젝트를 발견하고 흥미가 생겨서 발행 과정부터 멤버십 혜택까지 상세히 알고 싶어졌다면, 해당 NFT 프로젝트의 디스코드 또는 텔레그램 채널에 접속할 수 있다. 보통은 해당 NFT 프로젝트의 공식 트위터 프로필상에 그들의 홈페이지, 디스코드 또는 텔레그램 채널이 공시되어 있다.

| 갈락틱 펑크의 디스코드 |
출처_ Discord

디스코드나 텔레그램 채널에서 프로젝트들은 각자가 담당하는 프로젝트의 구체적인 정보를 공유하고, NFT의 잠재 보유자 또는 현재 보유자들과 끊임없이 소통한다. 프로젝트 제작자 측이 모든 답변을 일일이 해줄 수 없기 때문에 자신들의 프로젝트에 대한 깊은 이해를 바탕으로 프로젝트의 입장을 대변하고 커뮤니티와 원활히 소통할 수 있는 앰배서더 또는 커뮤니티 매니저를 선정하기도 한다.[1] 특히 디스코드는 멤버십 관리가 용이한 구조인 SNS 채널이어서 프로젝트 담당자들이 매우 중요하게 관리하고 있다.

내러티브가 전부는 아니다

4월에 출시한 BAYC의 큰 성공 이후 수많은 NFT 프로젝트가 이 프레임워크를 따라 생겨났고, 프로젝트마다 사람들을 많이 유치하기 위해 갖가지 노력을 했다. 단정할 순 없지만, 대체로 커뮤니티가 크면 구매력bargaining power도 크기 때문이다. 이런 현상으로 인해 트위터는 각종 NFT 프로젝트에 대한 홍보 글로 도배가 됐고, 수많은 NFT 프로젝트가 성공하는 것처럼 보였다.

하지만 부작용은 곧 드러났다. 커다란 커뮤니티를 매개로 수많은 프

---

1   구체적인 선정 방식은 프로젝트마다 다른데, 자체적으로 뽑거나 지원을 받는 방식이 대부분이다. 그리고 선정된 인원들은 프로젝트의 구성 요소 또는 국가별로 배치된다.

로젝트가 생겨나는 현상이 지속되다 보니, 프로젝트들은 이렇다 할 '알맹이' 없이 그저 모객을 위한 내러티브에만 집중했다. 그 결과 프로젝트들에는 진성 유저가 아닌, NFT를 발행하자마자 수익 실현을 위해 곧바로 되파는 유저들이 많이 생겨나게 됐다. 또한 과도한 화이트 리스트[2] 경쟁 때문에 가짜 봇bot들을 활용하는 사례도 많아졌다.

이에 따라 커뮤니티의 크기만 가지고는 어떤 프로젝트가 '괜찮은' 가치를 제공해줄 수 있는지, 옥석을 가리기가 더욱 어려워졌다. 그렇기에 투자자들은 커뮤니티 내러티브에만 집중하기보다 프로젝트에서 제시하는 로드맵을 더욱 면밀히 검토하고, 어떤 가치를 창출해낼 수 있는지 꼼꼼하게 따져봐야 한다. 커뮤니티 내러티브가 가격에서 중요한 요소인 건 분명하지만, 가격을 논의하는 시점은 내러티브가 형성되는 시점이 아니라 내재적인 가치가 형성되는 시점이라는 것을 항상 염두에 둬야 한다.

---

2 사람들을 끌어들이기 위해 SNS상에서 홍보를 많이 했는데, 특히 발행 직전까지 잠재 구매자들에게 홍보 또는 바이럴 마케팅에 참여하는 대가로 화이트 리스트white-list라는 기준을 만들어 부여하고 있다.

기반하는 체인

당신이 사용하는 휴대전화는 어떤 회사 제품인가? 또 친구나 동료들은 대체로 어떤 모델을 사용하는가? 어떤 이는 애플에서 출시한 아이폰을 쓸 것이고, 어떤 이는 삼성 또는 LG나 그 외 제조사에서 출시한 모델을 쓸 것이다. 현재 대부분의 제조사에서는 안드로이드Android라고 하는 운영체제를 사용하며, 아이폰은 애플이 자체 개발한 운영체제인 iOS를 사용한다. 운영체제는 쉽게 말해서, 특정한 서비스(애플리케이션)가 시스템상에서 잘 구동될 수 있도록 도와주는 무대장치라고 할 수 있다. 조금 더 범용적으로는 '인프라infrastructure' 또는 '플랫폼platform'이라고 표현하기도 한다.

IT 통계 리서치 기관 스탯카운터StatCounter의 자료에 따르면, 2021년 12월 기준으로 안드로이드와 iOS가 전 세계 점유율 99.2% 이상을 차지한다.[1] 대다수의 휴대전화 사용자가 두 운영체제를 사용하고 있으며, 이렇게 많은 사람으로부터 호응을 받기 때문에 플랫폼상에 훌륭한 서비스가 다양하게 만들어질 수 있다. NFT는 이더리움, 솔라나, BSC(바이낸스 스마트 체인) 같은 여러 인프라 체인 중 특정 체인에 기반한 서비스를 제공하는 토큰이다.[2] 위와 같은 맥락으로, 구조적으로 탄탄하며 지지하는 이용자가 많은 체인이면 그 위에 올라가는 서비스 또

---

1 출처: https://gs.statcounter.com

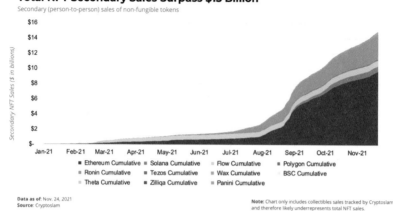

│ 체인별 NFT의 2차 판매 누적 거래량 │
출처_ Messari Report - A Short, Non-Fungible Story

한 사용자들로부터 많은 관심을 받을 여지가 있다.[3]

    2021년은 하반기를 기점으로 이더리움 외 체인들이 눈에 띄게 성장한 해였는데, 기반하는 체인별 NFT 생태계 또한 그 시기를 기점으로 폭발적으로 성장했다. 이처럼 체인의 성장은 체인 내 NFT 생태계의

---

2   체인이 제각기 존재하는 이유는 체인이 해결하고자 하는 문제들이 제각기 다르기 때문인데, 이에 대한 논의는 이 책이 다루는 범위에서 벗어나므로 생략한다. 또한 브리지bridge라는 것을 통해 체인 간에 토큰이 오갈 수 있는데, NFT 또한 토큰이므로 브리지를 통해 NFT를 이동시킬 수 있다. 하지만 아직 활발히 사용되고 있지는 않다.

3   역으로, 체인에 어울리는 훌륭한 서비스가 체인의 유인 요소가 되기도 한다. 예컨대 자금을 예치하면 20%에 달하는 높은 이자율을 보장하는 '앵커Anchor'라는 디파이 서비스는 테라Terra 체인에 수많은 이용자를 유입시켰다. 또한 솔라나의 많은 디파이 및 NFT 프로젝트들은 솔라나의 팬덤 형성 및 가격 상승에 지대한 영향을 끼쳤다.

	Blockchain	Sales	Change (7d)	Buyers	Txns
1	Ethereum	$713,717,594	▼ 11.78%	98,692	232,518
2	Solana	$34,231,140	▼ 16.87%	25,728	62,378
3	Ronin	$18,836,638	▼ 47.83%	90,675	253,456
4	Flow	$14,722,517	▲ 10.18%	34,642	447,909
5	Avalanche	$11,601,485	▲ 0.64%	1,151	5,370
6	WAX	$4,250,636	▼ 16.66%	20,068	374,978
7	Polygon	$1,713,871	▼ 25.88%	3,867	9,063
8	Panini	$577,803	▲ 13.41%	1,045	18,277
9	Tezos	$436,533	▼ 24.11%	6,475	40,053
10	BSC	$18,285	▲ 206.16%	72	473
11	Theta	$7,159	▼ 52.86%	128	205
12	Waves	$4,095	▲ 0.00%	2	2

| 체인별 NFT 거래대금 및 현황(2022.1.29 기준) |
※ 테라와 같은 일부 체인은 누락되어 있음. 출처_ Cryptoslam

성장과 관련하여 유의미한 선행 지표 중 하나로 중요하게 여겨진다.

대중의 관심을 끌어 최초로 NFT 시장의 붐을 일으켰다고 할 수 있는 대퍼랩스DapperLabs의 크립토키티Crypto Kitties와 라바랩스LarvaLabs의 크립토펑크CryptoPunks 등 초기 NFT 프로젝트들은 모두 이더리움 체인에서 탄생했다. 2017년 당시, 서비스를 올릴 만큼 구조적으로 안정적이며 커뮤니티가 방대한 체인은 이더리움이 거의 유일했다. 여담으로, 현재 이더리움 체인상에서 발행되는 NFT 프로젝트들

구분	프로젝트명	장르	바닥가 (달러)	유통량 (개)	예시 이미지
이더리움	크립토펑크	아바타성	213,904 (83.95ETH)	10,000	출처: CryptoPunks
이더리움	BAYC	아바타성	254,800 (100ETH)	10,000	출처: BAYC
솔라나	오로리(Aurory)	아바타성/게임	2,352 (24.5SOL)	10,000	출처: solanart
솔라나	디젠 에이프 아카데미 (Degen Ape Academy)	아바타성	6,096 (63.5SOL)	10,000	출처: Degen Ape Academy
로닌	엑시인피니티	게임	31.60 (0.0124ETH)	–	출처: Axie Infinity
테라	갈락틱 펑크 (Galactic Punks)	아바타성	1,785 (35LUNA)	10,921	출처: Galactic Punks
플로	NBA톱샷 (NBA Top Shot)	수집성	3.00	–	출처: NBA Top Shot

체인별 대표 NFT(2022.1.29 기준)

은 이더리움 체인의 커뮤니티가 워낙 방대할 뿐만 아니라 체인 특성상 NFT를 발행하는 데 필요한 수수료가 비싸기 때문에 타 체인에서 발행되는 NFT 프로젝트들보다 '가치가 더 높다는' 막연한 인식이 깔려 있다. 그래서 수준이 높거나 실험적인 NFT 프로젝트는 이더리움 체인상에서 선행되고 있다. NFT 전체 시장에서도 이더리움 체인이 60% 이상의 점유율을 차지하고 있으며, 이에 따라 전반적인 NFT 마켓에 대한 분석도 이더리움 생태계의 통계 자료를 기초로 하여 보고되는 경우가 많다.

다른 체인의 예를 보자. 빠른 속도와 높은 거래 처리량, 낮은 거래 수수료를 자랑하는 솔라나 체인은 체인의 특성과 함께 여러 디파이 서비스를 이용하는 많은 이용자로부터 두터운 지지를 얻었다. 솔라나는 2021년 8~9월경 디젠 에이프 아카데미Degen Ape Academy와 오로

| 솔라나 코인의 가격 추이 |
출처_ CoinMarketCap

리Aurory라는 두 NFT 프로젝트를 시작으로 큰 가격 상승을 맞이했다.

4월에 론칭하여 크게 성공한 이더리움의 BAYC NFT 프로젝트의 영향인지, 디젠 에이프 아카데미 프로젝트는 NFT 발행이 시작되기 전부터 큰 기대를 모았다. 디스코드 커뮤니티는 기대에 가득 찬 대화로 매일이 시끌벅적했다.[1] 아니나 다를까 NFT를 발행하기로 한 당일 발행하는 사이트에 과부하가 걸렸고, 급기야 발행 일정이 연기되는 해프닝까지 벌어졌다. 발행 당일, 6SOL(당시 약 250~300달러)의 저렴하지 않은 발행가에도 1만여 점의 NFT가 몇 분 만에 완판됐다. 이후 2차 시장인 솔라나트solanart.io에서 활발히 거래되다가 현재는 바닥가Floor Price, FP가 63.5SOL(2022년 4월 22일 솔라나트 기준)인 수준에서 거래되고 있다.

향후 오로리 게임의 아바타로 사용되는 오로리 NFT 프로젝트는 발행가가 1SOL(당시 약 110달러)이었다. 그런데 다음 날부터 40SOL 전후의 가격으로 거래가 활발해지더니, 현재는 바닥가 24.5SOL에 거래가 형성되고 있다. 오로리는 디젠 에이프 아카데미 NFT와 더불어 솔라나의 대표 NFT로 평가된다.

테라Terra 체인 역시 체인의 성공이 NFT 프로젝트의 관심을 끈 대표적인 예다. 테라 체인은 값싼 거래 수수료와 빠른 속도뿐만 아니라

---

[1] 뒤에서 자세히 소개하겠지만, NFT를 최초로 발행할 때는 프로젝트마다 트위터와 디스코드의 SNS를 중심으로 발행 전반에 걸쳐 과정을 안내한다.

루나 토큰을 이용한 알고리드믹 스테이블 코인, 앵커와 미러 프로토콜 등의 디파이 서비스 등으로 이미 이용자층이 두터웠다. '갈락틱 펑크Galactic Punks'라고 하는 NFT 프로젝트는 테라 체인 생태계 내에서 최초로 시도된 NFT 프로젝트다. 이더리움 체인의 크립토펑크와 비슷한 콘셉트, 독특한 디자인으로 발행 전부터 SNS상에서 엄청난 관심을 받았다.[1] 10월 2일, 발행가 3LUNA(당시 약 90~100달러)의 NFT 1만 921점이 8분 만에 완판됐다. 이후 테라 체인의 NFT 마켓플레이스인 랜덤어스Randomearth에서 사흘 만에 바닥가 88LUNA(당시 약 3,500달러)를 찍었고, 2022년 4월 22일 현재는 바닥가 37.5LUNA에 거래되고 있다.

이 외에도 BSC 등 이용자층이 두텁고 시장 점유율이 높은 체인들은 프로젝트가 나온다는 소식이 들릴 때마다 예외 없이 주목을 받았다. 큰 호응을 받은 체인이나 많은 이용자가 유입되어 지속적인 가치를 창출해낼 것으로 기대되는 체인에서 신규 NFT 프로젝트를 론칭한다고 하면, 관심을 가져도 좋을 것이다.

앞에서 NFT에 투자할 때는 NFT 프로젝트의 외적 요소인 '기반하는 체인 및 사용 현황'을 사전에 이해해야 한다는 점을 강조했다. 하지만 반드시 간과하지 말아야 할 사항은 이용자층과 서비스 층이 아무리

---

1   발행이 시작되기 이전에 해당 프로젝트에 대한 소통을 전담하는 디스코드 및 트위터에는 이미 각각 1만여 명, 3만여 명에 육박하는 이용자층이 있었다.

| 갈락틱 펑크 NFT로 테슬라 차량을 구매한 사람 |
출처_ Twitter

두터운 체인이더라도 모든 NFT가 성공한 것은 아니라는 점이다. 심지어 발행 직전에 큰 호응을 받은 프로젝트라도 말이다. 아직 시장이 완벽히 성숙하지 못한 탓에 프로젝트의 성공 기준을 정확히 논하기에는 모호한 부분이 있지만, 초기 NFT 발행량을 다 팔지 못한 프로젝트이거나, 2차 시장에서 거래가 잘 이뤄지지 않아 유동성이 낮거나, 발행한 가격보다 훨씬 낮은 가격에 거래되거나, 프로젝트 운영 주체가 사라져버리는 일명 '러그풀rug pool'[1] 등의 실패 사례도 수없이 많다.

가치평가 모델

그렇다면 프로젝트의 어떤 내적 요소들이 NFT 가치평가에 큰 의미를 가지며, 실제 가격 추정은 어떻게 이루어질까?

가격은 재화를 사는 사람과 파는 사람 간에 특정 화폐 단위의 수치로 합의가 이뤄짐으로써 형성된다. 이때 합의를 하기에 앞서, 거래 주체들이 가지고 있는 재화에 대한 정보의 비대칭성 때문에 으레 제3자 또는 평가기관 등이 중재자로 개입하여 가치를 평가하거나 그에 상응하는 레퍼런스를 제공한다. 하지만 NFT는 시장 자체가 완전히 성숙하지 못해서 다음과 같은 문제점들이 있다.

- 거래 데이터가 충분하게 쌓이지 않아 신뢰성이 부족하다.

---

1 특히 수수료가 싸고 빠른 속도를 자랑하는 체인일수록 무작위로 NFT를 발행하기가 쉽기 때문에 반드시 주의해야 한다.

- NFT 내에서도 분류가 아직 정립되지 않았다.

- 가격의 변동성이 크다.

- 유동성이 충분치 않다.

이런 문제점들 탓에 가치평가 자체가 어렵다. 블록체인 씬scene에서 가장 비싼 NFT 프로젝트로 여겨져왔던 크립토펑크의 바닥가가 수억 원을 호가하고, 심지어 이후 BAYC가 그 바닥가를 추월하리라고 누가 상상이나 했겠는가.

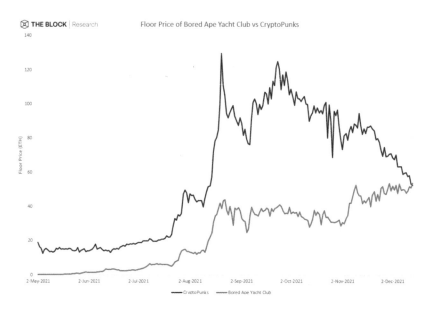

| 크립토펑크와 BAYC의 바닥가 |
출처_ The Block Research

Top NFTs

The top NFTs on OpenSea, ranked by volume, floor price and other statistics.

Last 7 days	⌄	⬚ All categories	⌄	⬡ All chains	⌄

Collection	Volume ▾	24h %	7d %	Floor Price	Owners	Items
1 Azuki	♦ 27,447.36	−3.41%	+119.80%	♦ 3.54	5.3K	10.0K
2 HAPE Prime	♦ 20,155.85	−51.11%	---	♦ 7.49	6.3K	8.1K
3 Bored Ape Yacht Club	♦ 13,498.74	+95.97%	+7.71%	♦ 93	6.2K	10.0K
4 CryptoBatz by Ozzy Osbourne	♦ 12,600.25	−40.66%	---	♦ 1.04	6.9K	9.7K
5 CryptoPunks	♦ 9,426.04	−39.72%	+161.56%	---	3.4K	10.0K
6 Metroverse	♦ 9,283.22	+163.94%	---	♦ 1.75	1.1K	10.0K

│ 변동이 심한 NFT의 가격 │
출처_ OpenSea

또한 '슈퍼스타 경제Superstar Economy'[1] 현상도 NFT 프로젝트들의 가치를 평가할 프레임워크를 구성하는 데 어려움을 더한다. NFT 발행은 체인 위에서 프로그래밍 코드 단 몇 줄이면 손쉽게 이루어질 수 있으므로 생산의 한계비용이 매우 낮다. 이미 커버린 규모의 경제 속에서 이런 구조는 시기적으로 앞선 주체들이 시장 우위를 차지할 수밖에 없게 한다.

그럼에도 NFT의 가치를 평가하려는 논의는 끊임없이 이루어져 왔다.

---

1   선점 우위를 가진 주체가 시장을 독식하는 경제 현상

비록 정성적이긴 하지만 NFT 시장에서는 어느 정도 합의가 된, NFT 프로젝트의 내적 가격 결정 요소들이 존재한다. 지금부터 이런 요소들, 그리고 가격을 정량적으로 추정하고자 하는 시도들을 살펴봄으로써, 주관적일 수밖에 없는 현재 NFT 시장에 대한 가치평가에 조금의 객관성을 입혀본다.

희귀도

NFT 프로젝트들은 개별적인 단위, 혹은 한정된 수량의 컬렉션collection 시리즈 등 크게 두 가지 방식으로 발행된다. 전자는 비교할 대상이 없기에 희귀도rarity 자체를 측정하는 것이 무의미할 수 있지만, 후자라면 같은 프로젝트 내의 개별 NFT 간에 희귀도라는 것이 존재한다.

예컨대 NFT 프로젝트들의 거래 정보와 희귀도를 조사하는 레어리티툴스rarity.tools에 따르면, BAYC 프로젝트는 각각의 NFT마다 특성traits이 분류되어 있으며 이에 따른 희귀도 점수가 존재한다. 그 희귀도 점수를 합산하여 NFT의 종합 희귀도 점수를 산정한다. 희귀도 산정에 관한 부분은 프로젝트 자체적으로 진행할 수도 있고, 다음 그림 '희귀도 점수'에서 볼 수 있는 것처럼 서드 파티Third Party 페이지에서 진행할 수도 있다. 희귀도 점수는 동일한 NFT 프로젝트 내에서 NFT 간의 상대적인 가격을 판단할 때 투자자들이 주로 보는, 몇 안 되는 정량적인 지표 중 하나다.

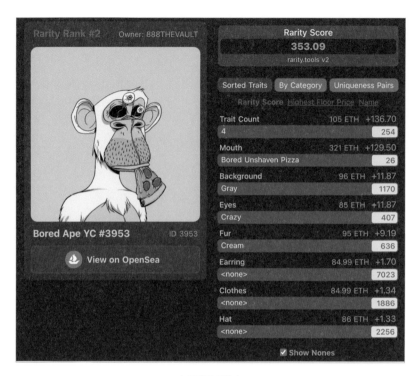

| 희귀도 점수 |
출처_ rarity.tools

보증

사람들은 구매 경험이 별로 없는 재화를 구매할 때 브랜드를 기준으로 삼기도 한다. 다시 말하면 해당 브랜드가 주는 신뢰감과 안정감 그리고 브랜드가 추구하는 철학의 가치가 기준이 된다고 할 수 있다. 예컨대 청소기를 많이 구매해본 적이 없는 소비자는 새 청소기가 필요해졌을 때 가성비를 따져 샤오미의 제품을 구매할 수도 있고, 품질이나 A/S

를 중요하게 생각하여 삼성의 제품을 구매할 수도 있다.[1]

    NFT 프로젝트도 마찬가지다. 유틸리티를 강조한 프로젝트든 단순 수집품 성격을 띠는 프로젝트든, 어떤 팀이나 작가가 관여했는지가 일종의 '보증'으로 작용하기 때문에 명성이 있는 팀 또는 아티스트가 NFT를 만들면 가치가 상대적으로 높게 평가될 확률이 높다. 특히 기존에 프로젝트를 성공적으로 론칭한 경험이 있다면 해당 제작자는 큰 명성을 얻은 상태일 것이며, 새로운 프로젝트가 론칭되는 시점에 많은 관심을 받게 될 가능성이 크다.

---

1   글쓴이의 주관적인 생각으로, 사실과 다를 수 있다.

| BAYC의 아티스트 중 한 명인 Migwashere의 NFT 프로젝트 트위터 |
출처_ twitter.com/SVSNFT

가치의 지속 가능성(유틸리티와 맵)

수집품의 성격으로 시작한 NFT는 고유성이라는 특성을 기반으로 다양한 유틸리티를 갖춘 형태로 발전해나가고 있다. 게임·엔터테인먼트·패션 등 다양한 산업에 접목하려는 시도가 활발히 이루어지고 있으며, 현재 가장 흔히 쓰이는 유틸리티는 아바타성 NFT를 보유하면 얻게 되는 메타버스상의 멤버십 혜택이다. NFT 보유자는 NFT를 보유함으로써 프로젝트와 협업한 온·오프라인상의 갖가지 서비스에 참여할 수 있다.

또한 P2E 모델의 게임이 등장함에 따라 게임 내에서 활용되는 NFT의 유틸리티도 많은 주목을 받고 있다. 게임 내에서의 NFT는 게임에 활용할 수 있는 무기·랜드 등의 특성을 가진 아이템 자산으로서의 기능을 할 뿐만 아니라, 디파이와 접목해 해당 NFT의 스테이킹(예치) 등을 통해서 부가적인 게임 콘텐츠도 이용할 수 있게 한다.

NFT 프로젝트는 초기 투자자들 또는 잠재 투자자들을 위해 이런 유틸리티에 대하여 어느 정도 추상적인 수준의 로드맵을 제공하는데, 이 로드맵에는 NFT 프로젝트에 대한 일련의 스토리텔링이 들어가기도 한다. 로드맵은 주로 타 프로젝트들과 협업하여 메타버스 생태계를 확장한다는 내용을 포함한다. 투자자들에게 어떤 가치를 얼마나 지속적으로 제공할 수 있는지 지침을 제공하기에, 프로젝트의 전반적인 가치를 평가하는 데 매우 중요한 요소로 작용한다.

커뮤니티 내러티브

앞에서 내러티브가 NFT의 시장에 어떤 영향을 끼치는지, 그리고 개별 NFT 프로젝트에서 반복하여 발생한 내러티브는 또 어떤 영향을 끼치는지 설명했다. 어쩌면 가격을 구성하는 요소들이 이미 내러티브 내에

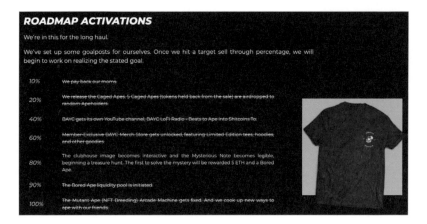

| BAYC 프로젝트의 로드맵 |
출처: BAYC 홈페이지

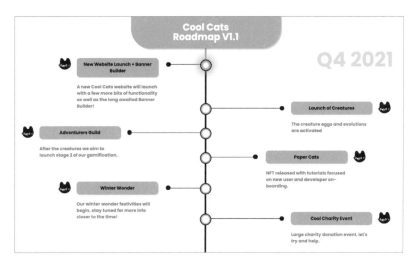

| 쿨 캣츠(Cool Cats) 프로젝트의 로드맵 |
출처_ Cool Cats 홈페이지

PART 2
자산으로서의 NFT

모두 포함되어 전파되고 있는지도 모르겠다. 투자자들이 프로젝트에 대한 정보를 얻는 시작점이자 방향성의 지침과도 같은 역할을 하는 내러티브는 고객을 유인하는 아웃바운드 마케팅 요소로서 그리고 실제 구매가 이어지게 하는 인바운드 마케팅 요소로서도 매우 핵심적인 수단이라고 할 수 있다. 운영 측면에서는 내러티브가 실제로 이행될 수 있게 하는 프로젝트와 커뮤니티 간 신뢰의 형성 및 지속이 가장 중요하다.

개인적 취향

NFT 프로젝트는 분류에 따라 어느 정도 수집품 및 예술 작품 같은 성격을 띠는 프로젝트가 상당히 많은 편이다. 이에 개인의 기호에 따라 거래가 되는, 일반적인 가격 트렌드에서 벗어나 이례적인 가격으로 거래가 성사되기도 한다. NFT의 외형이 정말 마음에 들어서 또는 그 외 개인적 취향을 이유로 해당 NFT에 크게 흥미를 느껴서 거래를 진행하는 경우가 아니라면, 다양한 툴을 활용하여 바닥가의 추이와 유동성을 비롯해 다양한 거래 지표를 살펴봐야 한다.

| 개인적 취향으로, 바닥가 추이보다 웃돈을 주고 구매한 사례 |
출처_ Twitter

타 NFT를 참조하는 정량적 가격 예측

개별 NFT 가격의 정량적인 예측치를 제시하는 것은 현재로서는 거의 불가능하다. NFT의 가격을 결정짓는 데에는 앞서 언급한 요소들을 포함하여 시장 자체의 성숙도 등 워낙에 고려해야 할 잠재적인 외부 요소가 많기 때문이다.

이에 현재 NFT의 가격 추정치를 제공하는 서비스는 같은 프로젝트의 NFT 가격을 정량적으로 예측할 때 타 NFT의 특성들에 따른 가격

분포를 '참조'하는 방식으로 예측치에 대한 인사이트를 얻는다. 즉, '비슷한 NFT가 이 가격에 거래됐으니, 이 NFT도 그와 비슷한 가격일 것이다'라는 논리다. 이는 경제학 문헌 또는 실무 데이터 분석적인 관점에서, 많은 데이터가 축적되지 않아 변동성이 큰 데이터에 대한 추정치를 제공할 때 많이 사용되는 기법이기도 하다.

예컨대 NFT 포트폴리오 관리 업체인 NFT뱅크NFTBank는 자체적인 모델을 사용하여 오픈시OpenSea와 같은 NFT 유통 시장에 현재 리스팅되어 있는 NFT들 중 일부 프로젝트에 대한 가격 추정치를 제공한다. 아울러 그 추정치가 시장가에 비하여 얼마나 평가절하 또는 평가절상되어 있는지를 정량적으로 보여주는 서비스도 제공한다. 추정치를 산정할 때는 해당 프로젝트의 특징별 희귀도 및 바닥가, 랜드형 NFT의 경우 인접한 땅의 가격 그리고 이더리움 가격 등등을 변수로 머신 러닝 등의 통계적 기법 등을 활용한다.[1] 프로젝트마다 다르지만, 프로젝트별 실제 거래가와의 오차 비율Mean Absolute Percentage Error, MAPE은 5~10% 내외로 집계되고 있다.

다양한 블록체인 위에 올려진 서비스에 대한 전반적인 통계 수치를 제공하는 댑레이더와 NFT프라이서NFTPricer에서도 비슷한 방식으로 NFT의 가격 추정치를 제공하는 것으로 알려졌다.

---

1   추정치 산정 모델링에 대한 자세한 논의는 NFT뱅크의 미디엄 아티클(https://medium.com/nftbank-ai/how-to-value-items-in-nft-projects-part-1-a87be8bcb21d)을 참조하기 바란다.

Ape #6008

Estimated Price	Ξ96.463
Floor Price	Ξ95.000
Listing Price	Ξ95.000
Rarity Rank	RANK 2793
Underpriced	-2%

On Sale · Ξ95.000 ($240,781)

Ape #1254

Estimated Price	Ξ87.350
Floor Price	Ξ98.990
Listing Price	Ξ88.880
Rarity Rank	RANK 9384
Overpriced	+2%

On Sale · Ξ88.880 ($339,080)

Ape #5509

Estimated Price	Ξ92.321
Floor Price	Ξ94.500
Listing Price	Ξ94.500
Rarity Rank	RANK 7594
Overpriced	+2%

On Sale · Ξ94.500 ($226,602)

| NFT뱅크의 가격 추정 |
출처_ NFTBank

Ape #8241   ✕

NFTBank Estimate for Ape #8241

Estimate Price ⑦		Floor Price	
	Ξ87.054	Ξ94.990 $228,677	

Listing Price		Rarity Rank & Score	
	Ξ94.990 $231,760	RANK 6937 / 10.00K 129.41	

Overpriced

+8%

On Sale · Ξ94.990 ($231,760) [↗]

Floor Price

Significant Traits

Trait Type	Trait Value	% occurrence	Rarity Score	Floor Price
fur	brown	13.70%	7.30	Ξ94.990
hat	s&m hat	2.35%	42.55	Ξ94.990
eyes	angry	4.32%	23.15	Ξ94.990
mouth	discomfort	2.07%	48.30	Ξ94.990
background	new punk blue	12.32%	8.12	Ξ88.000

| NFT뱅크의 가격 추정 상세 |
출처: NFTBank

| 댑레이더의 가격 추정 |
출처_ DappRadar

NFT 시장의 발전과 NFT의 가치 추정은 떼려야 뗄 수 없는 관계이지만, '대체 불가능한 토큰'이라는 NFT의 이름에서 알 수 있듯이 정성적인 요소로 이루어진 NFT는 어쩌면 가치 추정이 완벽하게 구현되기어려울 수 있다. 그럼에도 가치를 추정하려는 노력과 그런 노력에 대한 점진적인 합의를 실제로 많은 사람이 참조하고 있으며, 시장의 안정성 조성에 분명히 기여하고 있다. 투자자들은 이런 유틸리티에 대한인사이트를 포함하여 앞서 언급한 요소들, 정량적인 측정 데이터, NFT

시장에 대한 통계치를 제공하는 서비스 및 리포트[1]를 꾸준히 트래킹하면서 시장에 드러나는 가격과 본인이 생각하는 가격 간의 격차를 줄여나가야 한다.

지금으로선 NFT에 투자할 때 투자자가 많은 리스크를 짊어지고 가야 하는 실정이며, NFT 시장이 완벽히 성숙하기까지는 시일이 걸릴 것으로 보인다. 하지만 확실한 점은 NFT에 대한 관심이 폭발적으로 늘고 있으며, 늘어난 관심만큼이나 거래가 성사되기 위한 기준이 다양해지고 고도화되고 있다는 점이다. 생태계가 더욱 성숙해지는 이 시점에서는 발행자와 거래 플랫폼 그리고 소비자 모두의 노력이 필요하다.

먼저 발행자는 일회성 이득을 취하기보다 로드맵상에 표기된 바를 이행함으로써 소비자들이 기대하는 가치를 제대로 제공하고, 끊임없는 소통을 함으로써 소비자들과 두터운 신뢰를 쌓고 지속적인 가치를 추구하여야 한다. 그리고 거래 플랫폼은 거래 현황에 대한 정확한 통계치 정보를 제공함으로써 정보의 비대칭성을 줄이고, 어느 한쪽이 불리하지 않은 공정한 수수료 정책을 제공해야 한다.

또한 소비자들의 역할도 중요하다. 아니, 어떻게 보면 시장의 수요를 끌어내는 주체라는 점에서 가장 중요하다고도 할 수 있겠다. NFT 내러티브에 현혹돼 'FOMOFear Of Missing Out'[2]에 휩싸여 가치를 판단

---

1 댑레이더DappRadar, 크립토슬램Cryptoslam, 논펀저블닷컴Nonfungible.com을 비롯한 통계 자료 제공
   서비스 및 메사리Messari, 더블록The Block과 같은 리서치 기관의 자료 등
2 '자신 이외의 많은 사람이 하는 행위로부터 소외되어 두려움을 느끼는 현상'을 뜻하는 신조어

하지 않은 채 무작정 작품을 구입하는 일은 투자자 개인에게도, 건강한 생태계 조성에도 매우 좋지 않은 결과를 초래한다.

블록체인 씬에서는 'DYOR_{Do Your Own Research}'이라는 말이 심심찮게 돌고 있다. 투자를 하기에 앞서, 자신이 투자하고자 하는 바를 정확히 조사하라는 의미다. NFT는 아직 성숙하지 못한 블록체인 시장 내에서도 특히 더 성숙하지 못한 시장이다. 따라서 다양한 리스크가 항상 존재하는데, 누군가가 대신 나서서 이 리스크를 줄여주지 않는다. 리스크를 줄여나가는 것은 순전히 참여자 모두의 몫이다. 자신이 어떤 가치를 얻고자 하는지, 프로젝트가 그 가치를 정확히 전달해줄 수 있는지 면밀하게 검토해야 하고, 이를 바탕으로 시장에 냉철하게 반응을 해주어야 한다. 그런 점에서 NFT의 가치를 평가하려는 시도는 소비자와 발행자 그리고 2차 거래자들에게 가치평가에 대한 합의점을 시사하고, 이는 결과적으로 시장이 성숙해지는 데 도움을 줄 수 있다.

Chapter 2

NFT 거래에
가장 시급한 것
: 유동성

NFT는 암호화된 '자산'이다. 사람들은 어떤 자산에 투자하고자 할 때, 고수익의 가치를 지니며 시기적으로 자신이 원할 때 거래를 할 수 있는 자산을 선호한다. 이를 '수익성', '안전성' 그리고 '유동성'으로 분류하며, 흔히 투자 시 고려해야 하는 세 가지라 칭한다.[1] 수익성과 안전성을 판단해볼 수 있는 요소에 대해서는 앞에서 다뤘으니, 여기서는 유동성을 집중적으로 다루고자 한다.

유동성이란

유동성이란 해당 자산을 얼마나 쉽고 빠르게 현금(또는 현금에 준하는 재화)으로 바꿀 수 있느냐를 의미한다. 물론 프로젝트마다 정도의 차이가 있겠지만, 대다수의 NFT 프로젝트는 유동성이 낮고 특정 기간에 수요가 집중되는 등 변동성이 심하다고 평가된다. 여기에는 다음과 같은 여러 이유가 잇다.

- 대다수 NFT의 유틸리티가 명확하지 않다.

---

1   수집 목적으로 NFT를 구매하는 사람들도 많겠지만, 이 책에서는 NFT를 투자 자산으로 가정하고 서술하기로 한다.

- 가치평가가 제대로 이뤄지지 않아 적정 가격에 대한 합의가 어렵다.[1]
- 거래 수수료가 높다.
- 특정 플랫폼에 편향돼 있다.
- NFT 붐 이후 수요를 충족시키지 못할 만큼 너무 많은 NFT 프로젝트가 공급됐다.
- 발행 주체가 신원 미상의 팀이어서 보증이 제대로 이루어지지 않는다.
- 수집 목적이 강하여 판매자들이 매물로 잘 내놓지 않는다.

이 외에도 많은 이유가 있겠지만, 근본적으로는 시장이 성숙하지 못했다는 데서 비롯된다. 내러티브의 폭발적인 전파로 NFT의 수요와 공급은 흘러넘치게 됐고, 이에 따라 시장의 규모는 매우 커졌다. 그렇지만 NFT가 화폐처럼 많은 사람으로부터 교환 가치를 인정받는 재화는 아니다 보니 NFT를 사고 싶어 하는 사람과 판매하고 싶어 하는 사람, 양측으로부터 유동성 증가의 필요성이 대두됐다.

전통적으로 부동산이나 수집품과 같이 거래가 빈번하게 일어나지 않는 자산에 대해서 유동성을 측정할 때는 시장에 상장한 이후 판매가 될 때까지의 시간 그리고 거래량 수준을 본다. NFT 시장의 맥락에 비추어 보면, 판매자가 오픈시와 같은 유통 시장에 리스팅한 후부터 판

---

1   유동성이 부족하다는 것이 가치평가를 어렵게 하지만, 역으로 가치평가가 어렵기 때문에 유동성이 부족할 수도 있다.

Sales count per token

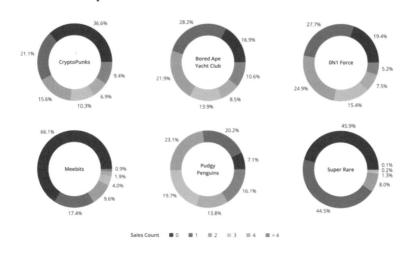

CryptoPunks
36.6%
21.1%
9.4%
6.9%
10.3%
15.6%

Bored Ape Yacht Club
28.2%
16.9%
21.9%
10.6%
8.5%
13.9%

ON1 Force
27.7%
19.4%
5.2%
7.5%
15.4%
24.9%

Meebits
66.1%
0.9%
1.9%
4.0%
9.6%
17.4%

Pudgy Penguins
20.2%
23.1%
7.1%
16.1%
13.8%
19.7%

Super Rare
45.9%
0.1%
0.2%
1.3%
8.0%
44.5%

Sales Count ■ 0 ■ 1 ■ 2 ■ 3 ■ 4 ■ > 4

| NFT 프로젝트별 거래 수 |
출처: OpenSea, Cointlegraph Research

# ↑	collectible	price floor	24h %	volume (24h)	sales (24h)	listed/supply ratio	floor cap
☆ 1	Bored Ape Yacht Club	⬧ 99.99 ☞	5.75%	⬧ 1,583.53	15	1352/10,000 (13.52%)	⬧ 999,900
☆ 2	CryptoPunks	⬧ 71 ☞	9.31%	⬧ 10,109.84	28	1304/10,000 (13.04%)	⬧ 710,000
☆ 3	Mutant Ape YC	⬧ 20.5 ☞	5.10%	⬧ 824.19	39	1936/17,640 (10.98%)	⬧ 361,620
☆ 4	CLONE X	⬧ 15.3 ☞	-4.32%	⬧ 556.96	28	2711/20,000 (13.55%)	⬧ 306,000
☆ 5	Doodles	⬧ 14 ☞	-5.41%	⬧ 585.29	28	1048/10,000 (10.48%)	⬧ 140,000

| NFT 프로젝트들의 거래량 |
출처_ nftpricefloor.com

매까지 걸린 시간 그리고 거래가 된 횟수라고 할 수 있겠다.

오픈시와 코인텔레그래프Cointlegraph 그리고 NFT플로어프라이스NFT Floor Price에 따르면, 현재 시점에서 가장 인기가 많다고 할 수 있는 NFT 프로젝트 상당수가 유통 시장에서 2회 미만으로 거래됐다. 또한 실질적으로 공급된 양에 비해 일별로 거래가 일어나는 빈도수도 매우 적다.[1] 이는 보유자들 상당수가 NFT를 팔지 않고 보유하고 있거나, 바닥가보다 훨씬 비싼 가격으로 유통 시장에 매물로 올려놓고 있기 때문이다.

현재 NFT 시장의 거래량을 주도하는 것은 상위 10개 내의 프로젝트들이다. 앞서 언급했듯이 시장이 성숙하지 못해 나머지 프로젝트들의 거래량이 미미하다고 하더라도, 왜 상위 프로젝트들조차 유동성이 받쳐주지 못할까?

투자자와 판매자 입장에서 생각해보자. 먼저, 수요자들은 NFT에 관심은 많은데 어떤 것이 향후 가치가 오를지에 대한 정보가 없어 판단하기가 어렵다. 따라서 인기를 입증할 수 있는 거래량을 투자 판단의 도구 변수로 여기게 되고, 이를 통해 NFT의 향후 가치를 판단한다. 그러면 투자자들은 자연스레 거래량이 많은 NFT를 찾게 된다. 하지만 거래량이 많은 NFT들은 이미 가격이 너무 높다. 요컨대 수요자들이 유통 시장에서 NFT를 구입하고자 할 때는 이미 정보와 가격 면에서 모

---

1 거래량이 적은 NFT들도 비슷한 수치를 보인다.

두 진입장벽이 높다.

한편, 판매자들은 NFT들을 비싸게 팔고 싶어 한다. 하지만 이미 가지고 있는 NFT 중에 거래량이 적은 것은 사람들이 찾지 않아 잘 팔리지 않고, 거래량이 많은 것은 더 오를 것 같은 기대감에 팔고 싶지가 않다. 이미 높은 가격에 진입한 사람은 이런 경향이 더욱 심하다. 즉, 현재 거래되고 있는 가치보다 더 큰 효용을 바란다.

이와 같이 두 주체는 서로 합의가 될 수 없는 심리를 지속하고 있으며, 이는 유동성의 부족 현상을 더욱 부추기는 악순환만 형성할 뿐이다. 이에 시장은 수요자의 지불 의지willingness to pay와 판매자의 수용 의지willingness to accept 간 차이를 줄일 수 있는 효과적인 방법을 모색하게 됐다. 실제로 어떤 해결 방안들이 등장했고, 유동성을 얼마나 개선했을까?

유동성 주입을 위한 생태계의 노력과 발전

기업, 시장, 국가 할 것 없이 자본의 구조를 측정하고자 할 때는 자산의 크기와 부채의 비율을 매우 중요하게 본다. 그렇지만 유동성의 공급 능력이 어느 정도인가, 즉 유동성 자산의 비율 또한 그 못지않게 중요한 요소다. 가진 것이 많아도 지불 능력이 없으면 어떤 형태든 거래가 성사되기 어렵기 때문이다. 이에 각 주체는 항상 일정 비율만큼 현금, 주식, 예금 등의 유동성 자산들을 확보해둔다.

하지만 이런 유동성 자산을 늘리는 데는 한계가 있다. 그래서 금융 시장은 유동성이 상대적으로 적은 부동산 또는 심지어 개인의 신용까지도 담보로 대출을 해주기도 하고, 이런 것들을 기초자산으로 하여 증권을 발행해 금융 거래의 빈도 및 유동성을 높이기도 한다. 이를 '자산 유동화asset securitization 과정'이라고 한다. 예컨대 기존의 기초자산 보유자는 유동성이 떨어지는 자산(비유동성 자산)을 매각이 쉬운 자산(유동성 자산)의 형태로 바꿈으로써 위험을 줄일 수 있다. 비유동성 자산에 투자하려는 투자자 입장에서도 관심 상품에 대한 접근성이 개선되므로 투자의 기회를 얻을 수 있다.

이런 구조는 금융 생태계에 유동적인 자금 흐름cash flow을 추가로 공급함으로써 자본 효율성을 높이고 건강한 금융 생태계를 조성하는 데 기여하게 된다.

한편 블록체인 씬에서는 NFT도 정말 큰 반향을 일으키고 있지만, 디파이 서비스가 가장 큰 유스케이스로 회자된다. 디파이를 간략히 정의하자면, 블록체인상에서 암호자산(코인, 토큰 등)을 기초자산으로 하여 이뤄지는 금융 서비스다. 사람들은 다양한 서비스 프로토콜을 통해 암호자산을 예치하거나 유동성 풀[1]을 통해 유동성을 제공하고 이자를 받을 수 있으며, 이를 담보로 추가적인 암호자산을 대출받을 수도 있다. 이런 디파이 서비스는 체인 내에서 서비스 간에 상호보완적으로

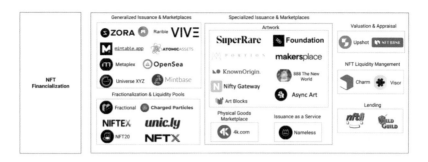

| NFT 금융화 앱 |
출처_ Messari Report – The NFT Stack: Exploring The NFT Ecosystem

작용하며, 자본 효율성을 높임으로써 체인의 금융 생태계를 건강하게 발전시킨다. 결과적으로, 기존 금융권의 구조를 블록체인에 응용함으로써 그 이점을 누리는 셈이다.

그런데 NFT 또한 블록체인 위에서 존재하는 토큰이자 자산이니, FT 시장에서 풀고자 했던 유동성 문제처럼 자연스레 디파이의 구조를 적용해보려는 시도가 이루어졌다.

---

1 업비트, 코인원, BSC와 같은 중앙화 거래소Centralized Exchange 대신, 유니스왑 및 스시스왑과 같은 탈중앙화 거래소Decentralized Exchange에서는 기존의 금융 시장에서는 볼 수 없었던 구조로 가격을 결정하는 메커니즘이 존재하는데, 이 메커니즘상에서 유동성을 공급하는 장치가 유동성 풀이다.

금융상품화 사례 1: 분할

크립토펑크와 BAYC 프로젝트는 현재 NFT 프로젝트 중에서도 가장 값비싼 NFT 1, 2위를 다투는 프로젝트가 됐다. 게다가 점점 많은 유명 인사가 해당 NFT를 사고, 세계적인 스포츠·명품·패션 브랜드들이 협업을 제안하고 있다. 이에 투자자들은 점점 가치가 오를 것으로 기대하고 투자하기를 원하지만, 이미 오를 대로 올라버린 가격 때문에 쉽사리 도전하지 못한다. 그래서 NFT를 증권화하자는 아이디어가 나왔다.

이에 대해 '아니, NFT는 정의 자체가 분절할 수 없는 토큰 아니야?'라며 고개를 갸웃거리는 사람도 있을 것이다. 옳은 지적이다. NFT를 만드는 기술 자체 로직상으로는 더 이상 쪼갤 수 없다. 하지만 프

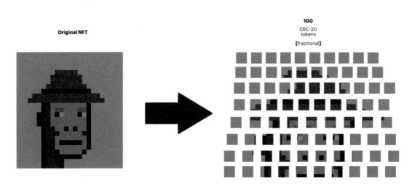

| NFT의 분할 |
출처_ Fractional 미디움 – What is Fractional.art?

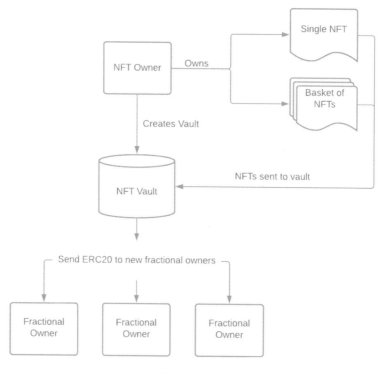

| NFT 분할 과정 도식화 |
출처: Fractional 미디움 – What is Fractional.art?

랙셔널닷아트Fractional.art 라는 업체는 '볼트Vault'라는 곳에 NFT를 맡겨두고,[1] 이 NFT에 대한 지분을 증명할 수 있는 FT 여러 개를 새로이 발행해서 가져다준다. 예컨대 철수가 BAYC를 1만분의 1 정도로 분할fractional하고 싶으면, 프랙셔널닷아트에 BAYC를 맡기고 자유롭게

---

1   블록체인 씬에서는 이처럼 토큰을 맡겨두는 것을 락업Lock-up이라고 표현한다.

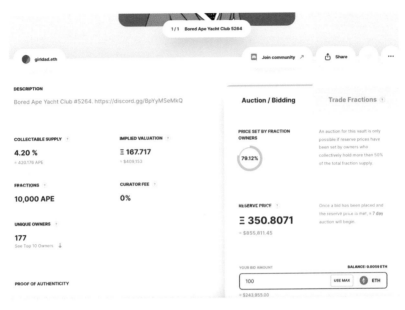

| NFT를 사기 위한 입찰 과정 |
출처: Fractional.art

거래할 수 있는 1만 개의 fBAYC 토큰을 받는 식이다. 이때 각 fBAYC
는 해당 BAYC에 대해 1만분의 1만큼의 소유권을 갖게 된다. 반대로
이용자는 분할된 BAYC를 구매할 수도 있고, 전체를 구매할 수도 있
다. 전체를 구매하고 싶다는 사람이 나타나면 분할된 토큰 보유자들[1]
이 자체적으로 정한 경매 마감기한과 정족수, 최소한의 입찰가가 충족
됐을 때 경매가 시작된다. 경매가 성공적으로 마무리되면, 낙찰가는

---

1   앞서 살펴본 바와 같이, DAO의 형태로 운영되고 있다.

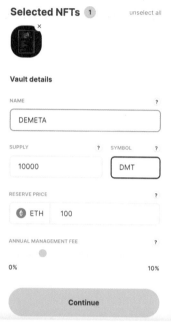

Select NFTs to Fractionalize

Choose the NFT(s) to send to a new vault, select your desired fraction type, set your vault's details, then continue to fractionalize. Once complete, all fractions will appear in your wallet. Be aware, you cannot add to the NFTs in a vault once created. Read our guides for more information.

Q Search by collection eg. CryptoPunks

Selected NFTs ①   unselect all

Vault details

NAME   ?

DEMETA

SUPPLY   ?   SYMBOL   ?

10000   DMT

RESERVE PRICE   ?

◆ ETH   100

ANNUAL MANAGEMENT FEE   ?

0%   10%

Continue

| 소유한 NFT를 분할하는 절차 |
출처_ fractional.art

분할된 토큰에 비례하여 기존의 보유자들에게 분배된다.

통상 NFT의 가격이 비쌀수록 수요가 적을 확률이 크기 때문에 판매까지 시간이 오래 걸린다. 하지만 이렇게 NFT의 부분에 대한 소유권을 인정해 분할을 하면 더 많은 잠재적 구매자를 모을 수 있어 유동성이 향상된다. 또한 이렇게 유동성이 향상되면, 기존의 NFT 거래처럼 단발성으로 가격이 결정되어버리는 것이 아니라 수요와 공급이 맞닿은 더욱 공정한 시장가가 형성될 확률이 높다. 비슷한 서비스로는 유니클리unic.ly가 있다.

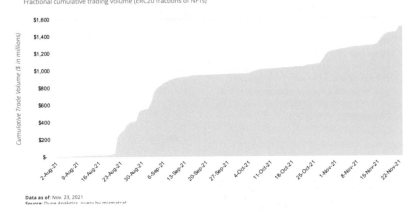

Data as of: Nov. 23, 2021
Source: Dune Analytics, query by mizmatcat

| 분할에 이용된 NFT의 누적 가치|
출처: Messari Report − The Financialization of NFTs

금융상품화 사례 2: 토큰화 및 유동성 풀 제공

앞의 분할 사례에서도 살펴봤듯이, NFT 자산 유동화는 NFT를 기초
자산으로 하여 유동성이 있는 '어떤 토큰'을 새로이 할당받는 것이다.
'NFTX'라는 서비스에서는 NFT 보유자가 NFT를 맡기면, 해당 NFT에
대한 토큰이 아니라 NFT가 속해 있는 프로젝트와 매칭되는 대표 토큰
이 발행된다. 이 토큰을 이용하여 해당 프로젝트의 다른 NFT를 구입
하거나 예치를 해두고 이자를 받을 수 있다. 또한 스시스왑 거래소에서
거래를 하거나 유동성 풀을 공급함으로써 부가 이윤을 창출할 수도 있다.

ⅡⅡMESSARI

How The NFTX Protocol Works

Deposit: Collector deposits NFT into an NFTX vault of the collection in exchange for PUNK vTokens.

Option 1: Stake PUNK vTokens in SushiSwap Punk <> ETH LP Pool to earn protocol fees from NFTX Vault and trading fees in SushiSwap pool

Option 2: PUNK vTokens can be used to redeemed (buy) another PUNK within the NFTX PUNK Vault

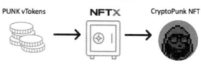

Source: Messari

| NFTX의 동작 과정 |
출처_ Messari Report — NFTX: Enhancing NFT Liquidity

| NFTX 예치 과정 |
출처_ NFTX

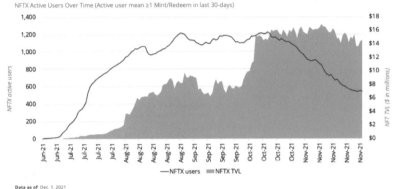

| NFTX 이용자 수와 서비스의 총자산 가치 |

출처_ Messari Report – NFTX: Enhancing NFT Liquidity

예컨대 크립토펑크를 NFTX에 맡기면 그에 상응하는 'PUNK vTOKEN'이라는 토큰을 받게 된다. 이를 예치하거나 또 다른 크립토펑크 NFT를 구매하는 데 활용할 수 있다. 거래소에서 판매해 다른 암호자산으로 바꿀 수도 있고, 이 크립토펑크와 다른 암호자산의 거래를 위한 유동성 풀을 제공할 수도 있다. 앞서 이야기한 분할 서비스와의 큰 차이점이라면, 이 서비스는 해당 NFT를 쪼갬으로써 소유권을 보장받는 개념이 아니라는 것이다.

거래가 되는 NFT들의 가격은 프로젝트들의 바닥가 기준으로 산정된다. 즉, 동일 프로젝트 내 희귀도 등에 따른 NFT 가격 차이는 반영되지 않는다는 점이 한계로 작용한다. [1] 이에 NFTX는 다양한 볼트를 구성하는 방식으로 해결하려고 하고 있고, NFTX와 비슷한 서비스를 제공하는 NFT20은 개별 NFT에 대해 네덜란드 경매 방식을 통해 더 많은 프로젝트 매핑 토큰을 발행하도록 하고 있다.[1]

금융상품화 사례 3: 대출

NFT는 수집 목적이 강하고 특수한 유틸리티를 가지고 있다는 점에서 장기적으로 소유되는 경향이 강하다. 그런데 유동성이 부족한 이 시장에서 판매자가 자금 확보를 위해 NFT를 급하게 처분해야 하는 상황도 발생할 수 있다. 예컨대 투자하고 싶은 자산을 발견했는데 여유 자금이 없고, 그렇다고 보유 중인 NFT를 팔고 싶진 않을 수 있다. 'NFTfi'는 이런 차용인들의 수요와, 수집 또는 수익 실현 등 다양한 목적으로 NFT를 담보로 암호자산을 공급하고자 하는 대여인들의 수요를 맞춰주어 NFT의 유동성을 높이는 데 목적을 둔 'P2P 기반 NFT 담보 대출 서비스 플랫폼'이다.

차용인들은 자신의 NFT들을 맡기고, 대여인으로부터 손쉽게 암호자산(ETH 또는 DAI)을 빌릴 수 있다. 이 서비스의 강점은 직관적이고 명료한 UXuser experience(고객 경험) 및 UIuser interface(사용자 인터페이스)

---

1   분할과 마찬가지로, 프로젝트의 가격 및 정책들은 해당 프로젝트의 볼트를 구성하는 DAO에서 결정된다.

| 매물로 올라온 NFT에 대해 대출 조건 제안(대출 탭) |
출처: NFTfi

다. 다른 담보물들은 어떤 제안을 받고, 어떤 제안을 승낙했는지도 클릭 한 번으로 파악할 수 있어서 참조하고 비교하기 쉽다. 대여자들뿐만 아니라 차입자들도 담보에 대해서 원하는 금액, 기간, 이자율 및 상환 금액을 제안할 수 있다. 이로써 상호 간에 자유롭게 대출 조건을 협상할 수 있다.

서비스 관리자는 '화이트 리스트'라는 라벨링을 활용해 어떤 NFT 프로젝트에 대출 서비스를 지원하고 있는지 또는 지원할 것인지에 대해 NFTfi의 디스코드 커뮤니티 채널을 통해 주기적으로 공지한다. NFTfi 서

| 실시간 대출 거래 통계치(통계 탭) |
출처: NFTfi

비스에서 이루어지는 대출의 빈도 및 총량은 점점 증가하고 있다.

결국 NFTfi에 사람들이 지속적으로 참여하게 하는 핵심 유인은 수익과 위험 관리 간 트레이드오프의 격차를 줄이는 것이다. 가치 있는 NFT 프로젝트가 점점 더 많이 등장하고 있는 현 상황에서 참여자들 간 정보의 불균형을 해소하는 장치를 마련해 리스크를 줄이고 참여 시의 진입장벽을 낮춰 많은 사람을 유인할 수 있도록 고민한다면, NFTfi

6.1 NFTfi Monthly Loan Volume (by count)
Based on loans' start date

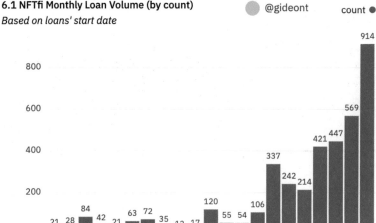

| NFTfi의 월별 대출 건수 | 출처: Dune Analytics

6.2 NFTfi Monthly Loan Volume (by $USD value)
Based on loans' start date and principal, WETH value at loan start time

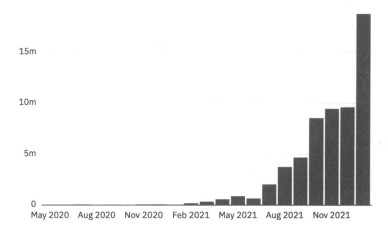

| NFTfi의 월별 거래량 | 출처_ Dune Analytics

는 NFT 시장이 성숙해지는 데 확실히 속도를 더해줄 수 있는 서비스가 될 것이다.

어떤 매력적인 자산이라도 단순히 공급량을 앞세우는 전략으로 시장에서 유통이 활발해지게 하는 것은 거의 불가능에 가까울 정도로 어려운 일이다. 다만 확실한 것은 NFT가 범접하지 못할 영역은 없을 것으로 예상되는 만큼, 그 활용 가능성이 무궁무진하고 매력적이라는 사실을 많은 사람이 느끼고 있다는 점 그리고 이미 많은 사람이 그런 미래를 기대하고 있다는 점이다. 이런 상황에서 가장 시급하게 해결해야할 것은 유동성이고, 이를 위한 금융 서비스는 NFT 시장이 유동적인 측면에서 성숙해질 수 있도록 기여하고 있다. 이들은 NFT의 근본적인 가치에 대한 이해를 바탕으로 NFT의 활용 가능성을 극대화할 수 있는 획기적인 금융 서비스 상품을 다양하게 출시하고, 시험하고, 검증하고 있다.

금융 서비스에 대한 많은 유스케이스는 좋은 서비스를 창출해내고, 좋은 서비스가 많이 생겨나는 현상은 참여자들이 암호자산을 더 깊이 이해할 수 있게 한다. 이는 다시 금융 서비스에 대한 수요로 이어져서 선순환 고리를 만들어내고, 결국 자산의 유동화를 가속화할 것이다. 점점 많은 자산이 NFT의 형태로 발행됨에 따라 금융화 서비스의 역할은 점점 더 중요해질 것이다.

NFT 투자 DAO

한국에는 예로부터 계契라고 하는 전통 협동 조직이 존재해왔다. 농경 사회에서는 특정 시기에 특히 많은 일손이 필요했기 때문에 계가 매우 활성화되어 있었다. 선조들은 비단 일손을 빌리는 것뿐만 아니라 토지나 곡식, 금전 등을 각출하여 재화가 필요한 상황에 대비하는 등 목적에 따라 여러 종류의 계를 운영하며 상호 간의 긴밀한 협조와 인간관계를 형성했다.

하지만 계 시스템이 잘 유지되려면, 참여자들의 신뢰가 반드시 전제되어야 한다. 예컨대 현대 사회에 들어서면서부터는 주로 필요한 시점에 맞춰 목돈을 만들려는 목적으로 계가 많이 운영되고 있다고 알려져 있다. 하지만 자신이 계의 혜택을 받을 차례인데, 하필 계주(계의 자금을 운용하는 주체)와 연락이 두절된다면 어떻게 될까?

DAO는 '탈중앙화된 자율 조직'이라는 뜻의 약자로, 참여자들이 자율적으로 규칙[1]을 제안 및 확정 짓고, 그 규칙을 기반으로 블록체인상에서 결코 수정될 수 없는 일련의 계약(스마트 콘트랙트)을 작성한다. 해당 계약은 프로그래밍 언어를 통해 자동으로 이행되기 때문에 구성원들은 규칙에 명시된 역할에 따라 계약을 이행함으로써 투명하게 보상을 받으며 조직을 운영할 수 있다. 따라서 계모임처럼 구성원들 간의

---

[1] 블록체인 업계에서는 이를 거버넌스governance라는 용어로 통일하여 사용한다.

DAO Operating Systems
ARAGON DaoStack DaoHaus
COLONY Syndicate Orca CW

Investment DAOs
MetaCartel theLAO Flamingo
Komorebi UdacityFund BitDAO
Free Company Duck DAO

Grants DAO
MetaCartel Ventures MolochDAO
Audius Grants Uniswap Grants
Mint Fund Sevens Foundation
Compound Grants Aave Grants

Collector DAOs
PleasrDAO Flamingo SquiggleDAO
FingerprintsDAO BRRDAO Whale
MUSE0 herstoryDAO BeetsDAO
JennyDAO MeebitsDAO Gremlins

Protocol DAOs
MAKER Compound UNISWAP AAVE Yearn Sushi
SYNTHETIX Curve Index Coop PieDAO tornado GITCOIN
LIDO pool KeeperDAO Badger RaribleDAO Olympus
hDAO Rari Capital Balancer Cream Finance AUDIUS
Universe inverse finance Aavegotchi INSTADAPP OceanDAO

Service DAOs
RAID GUILD DXdao PartyDAO
MetaFactory Fire Eyes DeepDAO
Reverie NeptuneDAO Llama
MetaverseDAO LexDAO d0rg
DaoHaus VitaDAO ShinyDAO
OPOLIS DoinGud DEEP WORK YGG
HoneyDAO Myco UniWhales
Yam DAO AladdinDAO

Social DAOs
FWB Seed Club
Radicle FiatLuxDAO
Metafam KrausHaus
ProsperDAO Bright Moments
Meta Gamma Delta
SongCamp CabinDAO
PROOF OF HUMANITY BAYC
TheWIPmeetup

Media DAOs
FOREFRONT BanklessDAO GCR DarkstarDAO rekt

| DAO 분류 |
출처_ coopahtroopa.mirror.xyz

신뢰를 억지로 생성할 필요가 없는 '신뢰할 필요가 없는 신뢰 조직 시
스템'[2]이 구축되어 운영되는 것이다.

---

2 앞서 설명했듯이 이는 블록체인이 지향하는 가장 큰 가치로 '무허가 신뢰trustless trust'라고 표현되며,
블록체인의 많은 파생 서비스가 이를 추구한다.

DAO	전통 조직
참여자들이 투표를 통해 자율적으로 규칙을 구성 및 변경함	의사 결정권자의 주도하에 규칙이 구성 및 변경되는 경우가 일반적임
조직의 모든 규칙 및 행동이 투명한 블록체인 시스템상에 기록됨	조직의 모든 규칙이 잘 지켜지고 있는지 확인할 수 없음
자동화된 규칙(계약) 이행으로, 참여자들에게 보상이 분배됨	중앙화된 주체가 보상을 분배함

| DAO와 전통 조직의 구조 비교 |

신뢰에 대한 리스크가 사라진 DAO 형태의 조직은 장르를 불문하고 4,000여 개가 만들어져 운영되고 있지만,[1] DAO의 가장 큰 유스케이스로서 확장의 포문을 연 것은 단연 투자 DAO다.

투자 DAO의 핵심은 자금의 공동 출자 및 자발적 운영이다. 참여자들은 투자 DAO를 통해 막대한 자금을 모아 기존에 벤처캐피털의 전유물로 여겨지기도 했던 '초기 투자'를 진행해보거나, 앞서 설명한 금융상품화 사례 중 '분할'과 '토큰화'처럼 값비싼 NFT의 공동 매매를 주관할 수 있다. 예컨대 금융상품화 사례가 대중화되기 이전에는 '웨일샤크 DAO'와 '플라밍고 DAO'가 NFT에 투자할 때 가장 주목받는 DAO 프로젝트들이었다.

---

1 출처: https://deepdao.io/

DAO를 구성할 수 있는 어떤 주체가 DAO를 꾸리면, DAO 내에서 선발된 큐레이터들이 구매하고자 하는 NFT들에 대한 가치평가를 진행하고, 그 결과를 공유하여 투표를 통해 구매 여부를 결정하게 된다. 유망하다고 판단되지만 한 작품을 구매하기에는 자금이 부족한 투자자 또는 NFT에 투자하고 싶은데 NFT에 대한 지식이 전무하여 어떤 작품을 사야 할지 모르는 투자자들이 이런 DAO들을 활용할 수 있었다. 금융상품화 사례도 나날이 발전하고 있지만, 이렇게 투자자들이 자발적으로 특정 조직의 일원이 되어 NFT 생태계에 경제 흐름을 만드는 DAO 형태 또한 지속적으로 발전하고 있다.

Chapter 3

터지는 거품일까,
굳어가는 돌일까?

NFT는 디지털 데이터의 위·변조가 불가능한 블록체인에 암호화된 거래 내역을 남김으로써 고유성을 지닌다. 이를 바탕으로 한 내러티브가 큰 붐을 일으켜 많은 NFT 프로젝트가 생겨남과 동시에 상대적으로 비싸게 거래되는 NFT들이 회자되기 시작했다. 한편 일각에서는 NFT의 가격이 거품이냐 아니냐를 두고 논쟁이 끊이지 않았다.

과연 NFT라는 포장은 어느 정도의 값어치를 할까? 아직은 초기의 기술이고, 시장이 발전하지 않은 탓에 누구도 명확한 답을 내놓기는 어렵다. 따라서 무작정 내러티브에만 의존하기보다 투자하고자 하는 NFT가 어떤 성격을 갖는 유형의 자산인지 명확히 분류해볼 필요가 있다. 그 분류에 따라 어떤 유틸리티로 확장할 수 있는지 살펴봄으로써 투자에 수반되는 불확실성을 줄일 수 있다.

암호자산의 가치

블록체인의 전반적인 역사와 기술 그리고 서비스에 대해 쉽게 설명해주는 '재윤TV'라는 유튜브 채널이 있다. 이 채널의 '스테이블 코인'이라는 주제를 다루는 영상에서는 다음과 같은 이야기가 나온다.

'화폐와 수집품은 내재가치는 없지만, 교환 가치는 있다. 둘의 차이점이라면, 화폐는 많은 사람이 그 교환 가치를 인정하는 반면 수집품은 한정된 사람들만이 그 교환 가치를 인정한다는 것이다.'

이 문구 중 교환 가치는 무엇을 의미하는지 금방 이해되지만, 내재 가치는 좀 모호하다. 재화의 내재가치란 재화가 가진 본질적인 가치로, 미래에 창출할 수 있는 모든 현금흐름에 대한 현재가치를 나타낸 것이다. 쌀을 예로 들면, 쌀은 단맛을 내며 우리 몸에 에너지를 공급한다는 점에서 본질적인 가치를 지닌다. 따라서 쌀은 내재가치가 있다고 할 수 있다. 또한 많은 사람이 이 쌀의 유틸리티(기능)를 인정하여 다른 재화와 교환하기를 원한다. 이때 우리는 쌀이 교환 가치까지 가진다고 할 수 있다.

여기서 다시 앞서 언급한 재윤TV의 문구를 보자. 이는 곧 화폐는 그 자체로만 봤을 때는 아무런 유틸리티가 없지만(즉, 내재가치가 없지만), 많은 사람이 '교환물로서의 가치가 있다'라고 하는 신뢰를 바탕으로 한 일종의 사회적 합의를 통해서 교환 가치를 형성해낸다는 것으로 해석할 수 있다.

그렇다면 암호자산은 어떤 가치를 가지고 있을까? 우선, 암호자산을 통해 일어나는 모든 거래는 블록체인의 기술적 특성으로 인해 누구도 위·변조를 할 수 없는 강력한 보안성을 지니고, 정부나 금융기관 같은 중앙 기관의 통제를 받지 않으며, 영속성과 희소성을 지닌다.[1] 따라서 암호자산은 거래의 완결성을 보장한다는 측면에서 금융적 내재가

---

1 여기서는 비트코인을 기준으로 서술했다. 비트코인을 제외한 체인들은 이 특성들에서 조금씩 차이가 난다.

치를 지닌다고 할 수 있다. 특히 NFT는 이런 일반적인 암호자산의 가치에 더해, 고유성을 부여할 수 있고 소유권을 주장할 수 있다. 경우에 따라 디지털 콘텐츠를 기초자산으로 하여 만들어질 수 있으며, 창작자의 저작물이 사용될 때마다 로열티를 징수할 수 있는 메커니즘을 프로그래밍할 수 있어 협업 경제를 활성화하는 촉매제로 활용될 수도 있다. 또한 암호자산들은 블록체인 생태계 내에서 각각 다른 암호자산과 교환할 수 있고, 많은 경제적 활동을 할 수 있는 도구로 사용되고 있는데, 점점 더 많은 주체에 의해 많은 거래량이 발생하고 있다.[2] 요컨대 암호자산은 그 특성으로 인한 내재가치가 존재하고, 많은 사람이 만들어내는 상호 간의 거래는 암호자산이 내재가치와 교환 가치를 지닌다는 사실을 분명히 증명한다.

---

2   비트코인이나 이더리움과 같은 코인 또는 FT는 변동성이 큰 탓에 화폐로서 기능을 할 수 있는가에 대해 논쟁이 끊이지 않고 있다. 이에 따라 FT들을 암호화폐라고 부르기도 하고, 일각에서는 상품으로 분류하여 암호자산이라고 부르기도 한다. 나 역시 아직까지는 화폐로서 기능이 완전하지 못하다고 생각하여 '암호자산'으로 통일하여 기술한다.

NFT의 가치,
유틸리티에 달려 있다

그러면 왜 어떤 NFT는 다른 NFT보다 가격이 더 높고 유동성이 더 좋을까? 앞의 '가치평가 모델'에서 가격에 영향을 미치는 요소들을 간략하게 살펴봤는데, 사실 현재 NFT에서 가치와 가장 직접적으로 연관이 있는 핵심 요소는 바로 유틸리티다.[1] NFT가 더욱 다양하고 새로운 쓸모를 가지게 될수록 새로운 현금흐름이 창출되는데, 이는 곧 NFT의 직접적인 내재가치 상승을 의미한다. 내재가치가 올라가면 사람들이 NFT 거래를 더욱 잘 받아들일 수 있기 때문에 NFT의 교환 가치에도 간접적으로 영향을 줄 수 있다.

초기에는 단순히 수집성만을 고려한 NFT들이 많이 출시됐지만, 요즘에는 NFT가 가지고 있는 고유의 기능을 점점 확장하거나 아예 새로운 산업계에서 새로운 기능을 탑재한 NFT 프로젝트들이 점점 많이 출시되고 있다. 예컨대 현실 세계에서 하지 못했던 경험을 하게 해주는 메타버스는 가상 공간 속 아바타를 활용하여 자신의 개성을 마음껏 표현하고 사람들과 소통할 수 있다는 점에서 큰 인기를 끌고 있다. 이에 따라 아바타성 NFT 프로젝트들은 단지 자신들의 고유한 세계관 내에 국

---

1 물론 NFT를 하나의 예술 작품으로 여기는 수집가들은 NFT의 가치를 판단할 때 유틸리티에 두는 비중이 작지만, 수집 성격은 일반적인 사례로 다루기 어려우므로 이 책에서는 제외하고 논하기로 한다.

한되어 가치를 창출하기보다, 타 메타버스 또는 현실 세계와 이어질 수 있는 접점을 만들어 그 가치를 다시금 확장하려는 시도를 하고 있다.

또한 NFT는 P2E 모델로 큰 관심을 받고 있는 게임 산업뿐만 아니라 패션, 금융, 교육, 외식, 엔터테인먼트 등 아예 다뤄지지 않았던 시장으로도 새로이 진출하고 있다. 특히 예측 및 학습용 AI 요소를 접목하려는 시도도 활발하다.

| 갈락틱 펑크와 스타일러의 협업 협업 |
출처_ Galactic Punks Twitter

아바타로서의 NFT: 패션, 게임 등

역사적으로 패션 업계는 당대에 유행하는 첨단 기술과 그다지 큰 연관성을 가지고 발전하진 않았다. 2000년대에 접어들면서 통신망은 속도와 안정성을 모두 갖추며 급격한 발전을 이뤘지만, 온라인 전자상거래 및 옴니Omni 채널 등 최신 기술에 맞춘 사업 전략을 구상하기 시작한 것은 10년이 채 되지 않았다. 하지만 최근 메타버스 개념이 등장하면서 이런 관념이 깨지기 시작했다.

시공간의 제약 없이 사용자들에게 보다 몰입적인 경험을 제공해주는 동시에, 다른 주체들과 쉽게 상호작용할 수 있는 공간을 제공해주는 메타버스는 패션 산업계의 기업들이 더 많은 제품을 사용자들에게 선보이며 접점을 만들 수 있다는 점에서 큰 관심을 끌었다. 나이키 · 발렌시아가 · 몽클레어는 에픽게임즈Epic Games의 포트나이트Fortnite라는 가상 공간을 통해서 화려한 비디오 플레이를 활용한 시즌 컬렉션 상품을 고객들에게 선보였으며, 루이비통 · 구찌 · 버버리 · LVMH는 가상 피팅룸과 VRVirtual Reality(가상현실) 쇼룸 및 박람회를 개최했다. MZ세대를 타깃으로 한 이런 시도들은 크게 흥행했고, 이에 국내 패션 및 유통 업체들도 메타버스를 활용한 마케팅에 적극적으로 뛰어들고 있다.

그런데 이 메타버스라는 키워드가 뜨거운 관심을 받은 지 얼마 지나지 않았는데, 패션 업계가 이번에는 NFT 시장에도 진출한다는 기사들이 줄지어 나오고 있다. 소비자 측면에서 메타버스는 다양한 배경을 가진 많은 사람과 소통할 수 있는 공간인데, 이런 공간에서 웨어러블 NFT(착용할 수 있는 패션 NFT)들이 아바타성 NFT와 함께 본인들의 아이덴티티를 표현할 수 있는 수단으로서 주도적인 소비 재화의 역할을 할 것으로 평가받고 있기 때문이다. 또한 기존 NFT 프로젝트들의 대성공 사례들은 블록체인 시장에서 NFT 프로젝트들이 소비자들에게 대규모로 채택되는 것을 수많은 기업이 직접 확인하는 계기가 되기도 했다.

한편, NFT는 블록체인상에서 만들어진 토큰이므로 블록체인 위에서 관련된 서비스가 동작해야 시너지를 낼 수 있다. NFT를 채택한다는 것은 블록체인을 채택한다는 의미도 내포하는데, 기존의 포트나이트와 같은 메타버스는 사실 이용자들이 포트나이트라는 공간 안에서만 활동할 수 있다는 점에서 폐쇄적이었다. 그에 비해 디센트럴랜드Decentraland나 더샌드박스와 같이 블록체인 기반의 메타버스 및 게임들은 부동산부터 웨어러블 아이템까지 모든 것을 토큰화할 뿐만 아니라 여러 블록체인 간의 경계가 사라질 수 있기 때문에 구조적으로 더 개방적이다. 따라서 블록체인 기반의 메타버스 프로젝트들이 흔히 알려진 메타버스라는 단어의 본질적인 의미에 더욱 부합한다고 할 수 있다.[1]

일각에서는 특히 웨어러블 NFT는 더욱 다양한 공간에서 많은 사람

---

1   메타버스는 한 주체가 물리적인 제약을 받지 않고 여러 세계를 넘나들며 현실 세계에서처럼 다양한 활동을 할 수 있는 공간을 말한다. 따라서 궁극적으로는 메타버스 세계 간에도 서로 협력하여 자유자재로 드나들 수 있도록 확장성 있는 구조가 필요하다.

과 교류하며 존재를 알릴 수 있기 때문에 현실에 존재하는 한정판 상품보다도 더 희소성이 있고 가치가 있을 것이라고도 한다. 대표적인 사례를 보자.

아디다스는 BAYC, 펑크 코믹스Punks Comics, 프라다, 더샌드박스 등 블록체인 프로젝트 및 패션 업계와 협업을 진행하면서 NFT 상품들을 활발하게 출시하고 있다. 나이키는 스니커즈 및 패션 NFT 컬렉터블 제작사인 RTFKT를 인수했고, 버버리와 루이비통은 게임 개발사와 협력하여 만든 게임을 통해 자체적인 NFT를 출시하기도 했다. 럭셔리 패션 브랜드들의 NFT 활용은 패션 업계의 NFT 진출을 선도하고 있으며, 게임과 더불어 메타버스를 활용한 NFT의 대표적인 유스케이스다.

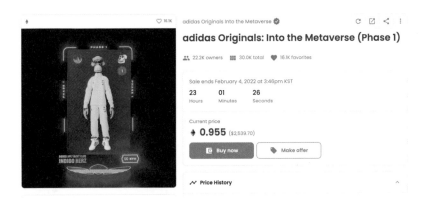

| 아디다스, BAYC, 펑크 코믹스가 협업한 NFT |
출처_ OpenSea

멤버십으로서의 NFT: 외식, 문화 등

사람들은 자신이 시간과 비용을 지속적으로 투자하는 서비스에 충성심과 소속감을 갖기 마련이고, 서비스가 자신의 투자를 알아줬으면 하는 심리를 갖는다. 서비스 입장에서도 LTV Life-Time Value 가 높은 충성 고객을 갖는다는 것은 비용 측면에서 매우 환영할 일이다. 그래서 이를 위해 실적 또는 기여도에 따라 차등적으로 권한 및 혜택을 부여하여 등급을 나눈 '멤버십'이라는 기준을 통해 고객들을 관리한다. 멤버십이라는 개념은 이미 백화점, 통신사 등 기존 산업에서 오래전부터 시행돼 온 고객 관리 기법 중 하나이며, 서비스의 형태에 따라 구독 경제와 공유 경제로 분류되기도 한다.

게임과 패션 산업에 이어, NFT를 활용하려는 시도가 가장 활발하게 이루어지는 산업계가 바로 외식 및 문화 등 엔터테인먼트 산업계다. 이 산업계들에서 주로 시도하고자 하는 NFT의 유틸리티가 바로 멤버십 관리 서비스다. NFT는 블록체인상에 구현된 토큰으로, 프로그래밍이 가능하기 때문에 소유자에게 지속적으로 가치를 제공할 수 있는 구조이고, 이는 디지털 공간과 현실 세계를 매끄럽게 이어주는 역할을 할 수 있다. 따라서 NFT는 멤버십의 기능을 하는 티켓과 같은 역할을 하여 현실 세계의 어떤 상품 및 서비스에 대한 접근 권한 또는 이벤트의 참여 수단으로 활용할 수 있게 할 수 있다.

레스토랑 예약 서비스인 레시 Resy 의 공동 설립자는 2023년까지 플

| 판매 중인 플라이피시 클럽 NFT |
출처_ OpenSea

라이피시 클럽FlyFish Club NFT 소유자에 한해 맨해튼에 있는 일부 레스토랑을 이용할 수 있는 멤버십을 부여하는 서비스를 론칭한다고 밝혔다. 해당 NFT는 기본 등급과 오마카세 등급으로 두 가지 등급이 존재하는데, 오마카세 등급은 고급 오마카세 일식 레스토랑 및 추가 편의 시설에 대한 접근 권한[1]을 제공한다.[2]

영화와 같은 미디어 산업에서도 NFT를 활용한 멤버십 관리 사례가 점점 늘고 있다. 하우스 오브 키바House of Kibaa에서 제작한 'GenZeroes TV' 시리즈는 해당 NFT를 구매해야만 볼 수 있으며, 구

---

1 해당 멤버십은 접근 권한만 제공할 뿐 시설 내에서 사용되는 서비스 이용료 또는 식사 비용은 모두 일반 음식점과 같이 법정화폐로 지불해야 한다.

2 등급별로 2.5ETH, 4.25ETH에 출시됐던 해당 NFT는 2022년 4월 22일 현재 오픈시에서 바닥가가 각각 4.84ETH, 13.95ETH로 형성되어 있다.

| GenZeroes |
출처_ House of Kibba

매한 NFT의 등급에 따라 다양한 혜택을 누릴 수 있다.

비슷하게, 스토너 캣츠Stoner Cats라는 성인용 웹 애니메이션 시리즈는 NFT 소유자에게 모든 쇼의 에피소드를 볼 수 있는 독점권을 부여했다. 미국의 록밴드 킹스 오브 리온Kings Of Leon은 콘서트의 가장 앞줄 좌석을 보장하는 NFT를 판매하기도 했다. 이렇듯 토큰화된 멤버십은 기업 또는 크리에이터들과 같은 서비스 주체들이 고객들에게 가치를 추가하는 데 혁신적인 방법으로 평가된다.

권리로서의 NFT: 전반적인 산업 그리고 자산 시장

2019년, OECD와 EUIPO(유럽연합 지식재산권청)의 보고서는 위조 및 복제품 거래량이 전 세계 거래의 3.3%에 달한다고 밝혔다.[1] 위조 및 복제품 이슈는 기업과 소비자 모두에게 브랜드 가치 손상으로 인한 경제적 비용을 야기한다. 그래서 국가마다 정부, 기업, 소비자가 위조 방지 정책을 내놓고, 관련 기술을 개발하고, 위조 사례를 신고하는 등 예방에 노력을 기울이고 있다.

NFT는 현실 세계에 존재하는 특정 재화가 진짜임을 증명하는 용도로도 많이 쓰인다. 앞서도 언급했듯이, 본디 NFT가 만들어지는 과정 자체가 특정한 재화의 소유권 메타데이터 정보를 블록체인상에 기록함으로써 소유권을 증명하는 것이기에[2] 모든 유틸리티의 근간이 되는 기본적인 유틸리티라고 할 수 있다. 그래도 여기서 유틸리티의 사례로 다시 한번 다루는 이유는 이 기본적인 유틸리티가 산업 전반의 패러다임을 바꿀 수 있을 정도로 큰 파급력을 가지고 있기 때문이다.

나이키, LVMH, 프라다, 까르띠에 등의 명품·패션 브랜드들부터 전반적인 물류·유통 업계 시장까지 어떤 소유권의 오리지널리티를 증

---

1 출처: OECD 홈페이지

2 이렇게 실존하는 서비스, 제품 또는 자산들을 일대일로 디지털상에 매핑하는 행위를 '디지털 트윈Digital Twin'이라고 한다.

명할 수 있다는 점을 중시하지 않는 산업계는 존재하지 않는다.[3] 특히 권리 증명이 중요한 저작권 및 부동산과 같은 자산 시장에서 자산들의 소유권이 NFT로 관리될 수 있다면, 관리 측면뿐만 아니라 비유동적 자산에 대한 기존의 한정적인 투자 클래스를 더욱 광범위하게 늘려 일반 투자자들의 접근을 가능케 함으로써 또 다른 자산 클래스를 창출해낼 수 있을 것이다. 그야말로 어마어마한 사회적 자본의 향상이 이루어질 수 있는 것이다.[4]

음악·예술·엔터테인먼트 분야에서는 과거부터 지금까지 저작권 및 지식재산권에 관한 이슈가 존재해서 항상 심각하게 다루어져 왔다. 만약 NFT를 통한다면 콘텐츠의 권리 및 로열티 배분의 구조적인 설계도 투명하게 관리할 수 있다는 점에서 콘텐츠 제작자들에게 합리적인 대안이 될 수 있다.

예컨대 그라임스, 스티브 아오키, 에미넘, 3LAU, 킹스 오브 리온, RAC 등 해외 유명 아티스트들은 자신들의 앨범을 직접 NFT로 발행하여 판매하기도 했다. 또한 저작권을 토큰화하여 일반 대중에게 투자의 기회를 제공하려는 시도도 많이 이루어지고 있다. 더불어 아티스트들의 NFT 발행 및 판매 등 이 모든 것을 지원하는 플랫폼들 또한 가파르

---

3 LVMH. 프라다, 까르띠에는 자체 맞춤형 블록체인인 아우라Aura를 통해 소유권을 토큰화했고, 나이키 또한 크립토킥스CryptoKicks라는 자체 블록체인 검증 시스템을 구축했다.

4 현재 모든 국가에서 암호자산, 특히 NFT에 대한 규제 및 NFT가 기초하는 자산에 따른 규제 관할 구조가 모두 명확하지 않다.

게 성장하고 있다.[1] NFT의 소유권 증명이라는 기능은 지식재산권 및 자산 시장의 구조에 커다란 변혁을 일으킬 수 있다.

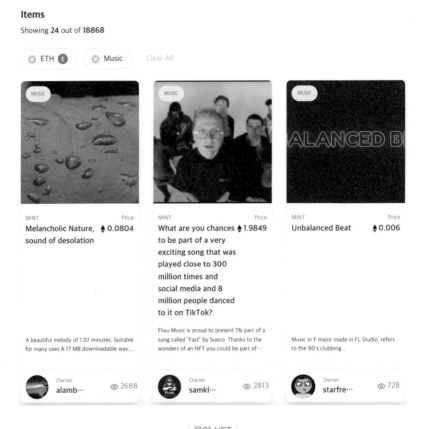

| 음악 NFT |
출처_ mintable.app

---

1 현재 아티스트들이 NFT 판매 및 제조를 위해 가장 많이 쓰는 플랫폼으로는 오픈시OpenSea, 파운데이션Foundation, 니프티게이트웨이NiftyGateway, 메이커스플레이스MakersPlace, 민터블Mintable, NFT톤NFT Tone, 라리블Rarible, 슈퍼레어SuperRare, NFT쇼룸NFT Showroom, 크립토Crypto 등이 있다.

AI로서의 NFT: 게임, 금융 등

CD 게임이나 온라인 게임을 어느 정도 해본 적이 있는 사람이라면, NPC가 무엇인지 알 것이다. NPC는 'Non-Player Character'의 약자로, 게임 내에서 특정 유저가 조작하는 주체가 아니라 프로그램상에서 미리 특정 행동을 하도록 설계된 캐릭터를 말한다. 최근 인공지능Artificial Intelligence, AI 기술이 비약적으로 발달하면서 NPC는 안내자, 동료, 적 등 다양한 역할로 여러 주체와 상호작용하며 게임 생태계를 전반적으로 조화롭게 하는 역할을 한다.

앨러시아AIAlethea AI는 '어쩌면 NFT에도 이런 AI 요소를 적용해서, NPC처럼 상호작용할 수 있는 아바타성 NFT로 만들 수 있지 않을까'라는 아이디어에 착안하여, iNFTintelligent-NFT[2]를 만들었다. iNFT는 지능을 갖춘, 세상 어디에도 없는 고유한 휴머노이드Humanoid다.

블록체인 위에 살고 있는 이 iNFT는 함께 이야기를 나눌 수도 있고 새로운 것을 학습하여 진화할 수도 있으며, 보유자들에게 완전히 소유된다. 이 iNFT들은 '외형visual'을 담당하는 유저의 아바타성 NFT와 '지능intelligence'을 담당하는 '인격 파드personality pod'라고 하는 NFT로 구성되어 있다. iNFT의 소유자가 해당 파드를 통해 iNFT의 인격에 대한 방향성을 설정해주면, '노아의 방주Noah's Ark'라는 메타버스 위에서

---

2 일각에서는 '논펀저블 인텔리전스Non-Fungible Intelligence'라고 부르기도 한다.

| 홈페이지에 구현된 iNFT |
출처_ Alethea AI 홈페이지

다른 iNFT들과 상호작용하며 학습을 시작하게 된다. 마치 특정한 성격을 가지고 태어난 아이들이, 사람들이 부대끼는 사회 속에서 적응하며 성장해나가는 것처럼 말이다.

노아의 방주에서는 음악을 좋아하는 보어드 에이프Bored Ape부터 고상한 드라큘라 백작까지, 그야말로 다양한 특색과 외형을 갖춘 휴머노이드가 탄생할 수 있다. 현재 오픈시에는 앨러시아AI에서 직접 구현한 iNFT와 개별 인격 파드가 거래되고 있다.

앨러시아AI의 파드처럼 AI 학습용 모듈을 다양한 NFT에 접목할 수 있도록 아예 플랫폼처럼 분리하여 제공하는 프로젝트도 있다. ASMAltered State Machine 프로젝트가 바로 그것인데, 여기서 '뇌brain'라고 하는 모듈 NFT는 앨러시아AI의 파드처럼 특정한 기능을 학습하는 역할을 한다. 이 뇌가 가지고 있는 초기 속성들은 개별적으로 구현

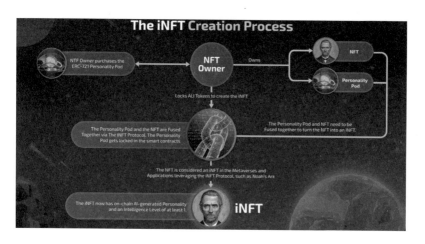

| iNFT 합성 과정 |
출처: Alethea AI 백서

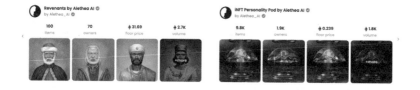

| 판매 중인 Alethea AI의 iNFT와 파드 |
출처_ OpenSea

된 'World(세계)'라고 하는 애플리케이션의 속성들과 매핑되는데, 이때 새로운 속성이 부여될 수도 있다. 그리고 나서 뇌는 ASM 플랫폼상의 학습 공간에서 해당 애플리케이션에 맞는 속성을 학습한다.

현재 ASM 프로젝트에는 AIFL, FLUF, Party Bears라고 하는 게임

| ASM의 활용 사례 |
출처: ASM 백서

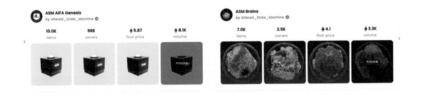

| 판매 중인 ASM의 iNFT와 뇌 |
출처_ OpenSea

및 아바타 프로젝트들이 애플리케이션으로 올라가 있다. 앨러시아AI
와 마찬가지로 ASM 뇌와 애플리케이션상에서 구현된 iNFT들이 오픈
시에서 거래되고 있다.

고도화된 음성 및 이미지 인식 그리고 자연어 처리 등의 기술을 통
해 AI가 추구하는 개인화와 NFT의 특성인 고유성이 만나 탄생하는 '지

능형 디지털 소유권'은 소비자와 제작자 모두에게 더욱 풍부한 유용성과 경험을 제공할 수 있다. 따라서 그 잠재력은 실로 무한하다고 할 수 있다. 지금까지 소개한 프로젝트 이외에도 AI가 결합된 NFT는 게임 NPC뿐만 아니라 챗봇 및 스마트 비서 그리고 디파이상에서 의사결정을 위한 AI 도구 등의 역할로 수많은 혁신이 이루어지고 있다.

'Xs'로서의 NFT

글을 쓰는 지금 이 순간에도 산업군을 불문하고 많은 회사가 NFT 사업 진출을 꾀하고 있으며, 새로운 프로젝트들이 개발·통합되고 있다. 바꾸어 말해서 이는 NFT가 활용될 수 있는 분야와 기능이 무궁무진하다는 뜻이며, 실제로 점점 다양하고 많은 사람들에게 NFT가 회자되고 채택되고 있다. 아바타부터 AI 사례까지 현재 NFT 시장에서 통용되는 대표적인 유틸리티들을 살펴봤는데, 사실 이는 NFT가 가질 수 있는 기능 중 극히 일부에 불과하다. NFT가 안정적인 체인 위에서 잘 구동되고 합리적인 규제가 잘 마련된다면, 아마 NFT를 고려하지 않을 산업은 찾기 힘들지 않을까.

더욱이 프로젝트 내에서 NFT는 단지 하나의 기능에 한정된 것이 아니라 점점 여러 개의 기능이 합쳐져 가는 구조로 되어 있다. 예컨대 아바타성 NFT를 포함한 상당수의 NFT 프로젝트는 이미 구성원들이 자율적으로 프로젝트의 방향성을 결정할 수 있는 DAO 형태로 운영되고 있다. 그리고 음악계 아티스트들의 NFT는 아티스트들의 저작권을 보호해줄 뿐만 아니라, 아티스트들을 지지해주는 팬들과 소통할 수 있는 하나의 멤버십 및 '거버넌스' 토큰으로서의 의미도 가지고 있다. 프로그래밍이 가능한 토큰화된 자산이라는 특징은 이런 유틸리티의 확장을 쉽게 해준다. 사람들로부터 많은 관심을 빠르게 받은 만큼 앞으로 NFT의 토큰 경제 및 서비스 파이프라인 또한 점점 더 정교해질 것이고, NFT 프로젝트들이 줄 수 있는 유틸리티 역시 더욱 명확하고 다양해질 것이다.

가치를 판단할 수 있는 가장 신뢰성 있는 척도인 유틸리티의 관점에서 NFT의 가치를 살펴봤다. 늘어나는 NFT의 유스케이스와 함께 폭발적으로 성장하는 NFT 생태계는 더 이상 강조하지 않겠다. 다만, 많은 사람이 열광하는 이런 현상을 한 걸음 물러서서 조금 더 본질적으로 이해할 필요가 있다. 어떤 기저 철학이 존재해서 '소유권', '고유성' 등의 키워드를 그토록 뜨겁게 했을까? 유틸리티가 확장되는 방향과 NFT들이 운영되는 방식을 보면 힌트를 얻을 수 있다. 그것은 바로 서비스의 효용을 누리고 가치를 창출해내는 주체들의 권리, 즉 주도권의 방향이 콘텐츠 제작자와 NFT 소유자들 중심으로 흘러간다는 것이다.

역사적으로 사회는 개인의 주권을 보장할 수 있는 구조로 개편돼왔다. 에마뉘엘 시에예스의 〈제3 신분이란 무엇인가〉라는 얇은 팸플릿이 국민 주권 탄생의 도화선이 됐고, 이를 계기로 수천 년간 지배해온 독점 권력 체제에 맞서는 사상이 국민들 사이에 빠르게 전파됐다. 그리고 바로 지금, 200여 년간 가파르게 성장해온 민주 사회의 모습이 '주권의 힘'을 보여주고 있다. 이는 비단 정치적·사회적 이슈에만 국한된 것이 아니다. 인터넷 기술의 발전 역사도 그러하다.

공유와 개방의 철학을 내세우며 출범한 인터넷·IT 서비스 시장에서 현재 대다수의 서비스는 중앙화된 플랫폼 형태다. 이런 구조에서는 플랫폼들이 서비스만 잘하면 시장이 자연스레 성장하고 안정화된다. 소비자들은 잘된 서비스에 모이고, 서비스 플랫폼들은 사람들을 더욱 끌어모으기 위해 스스로 서비스를 개선해나가기 때문이다. 하지만 이렇게 플랫폼에 너무 많은 권한이 집중되는 웹2 기반의 구조는 여러 주체에게 데이터 주권, 신뢰, 보상의 불평등 문제를 야기했다. 이에 따라 운영의 탈중앙화를 지향하고, 데이터 주권을 보장할 수 있는 블록체인 기반 웹3의 개념이 탄생했다.

앞에서 1인 창작자 열풍과 더불어 많은 프로젝트가 DAO 형태로 운영된다고 소개했는데, 이런 현상 역시 프로젝트의 방향성을 참여자들 스스로가 민주적으로 결정하며 가치 제공의 보상 또한 중앙화된 주체를 거치지 않는 주권을 추구하려는 데서 비롯된다. NFT의 가격을 논하기 이전에, 이런 철학에 많은 사람이 열광한다는 사실 자체는 우리에게 많은 것을 시사한다. 2015년, 전 세계를 강타한 영화 〈킹스맨〉에서는 다음과 같은 명대사가 나온다.

"Manners maketh man."

우리말로 번역하면 '관습이 사람을 바꾼다'라는 의미가 된다. 이는,

완성된 사회 체계 속에서 사람이 얼마나 잘 적응하는지를 보여주는 데서 유래된 말이다. 하지만 NFT, 나아가 블록체인은 참여자들이 개척해나가야 하는 세상이다. "Man Maketh Manners." 참여자들은 NFT 열풍의 이면에 숨겨진 가치들에 대한 정확한 이해를 바탕으로 명확한 방향을 제시해야 한다.

NFT를 둘러싼 다양한 논의
: 일단 뛰어들어라

많은 사람 그리고 대부분 언론이 현재 NFT 시장은 17세기 튤립 파동 사건과 비슷한 양상으로 거품을 띠고 있다고 말한다. 당시 사람들은 희귀한 튤립 구근의 가격이 계속해서 오를 것으로 생각하고 끊임없이 사들였다. 하지만 모두가 이윤 추구의 목적으로만 튤립 구근을 사들였기 때문에 사들인 튤립을 누구도 팔지 못했다. 결국 거품은 꺼졌고 튤립 가격은 폭락했다. NFT계의 손꼽히는 예술가인 비플(마이크 윈켈만의 예명)마저 현재 시장 상황은 거품이 많이 끼어 있다고 밝혔다.[1]

하지만 현재 NFT 시장은 튤립 파동 사건과 비슷한 면도 많지만, 분

---

1 출처: https://www.coindesk.com/markets/2021/03/12/beeple-says-nfts-are-in-a-bubble-693m-mystery-buyer-to-be-revealed-soon/

명히 다른 면도 많다. 얼마나 많은 거품이 끼어 있는지에 대해서는 누구도 알 수 없지만, 확실히 말할 수 있는 것은 유틸리티가 불명확한 일부 프로젝트가 전체 NFT 시장에 대해 부정적인 여론을 형성하는 데 일조했다는 것이다. 또한 이런 프로젝트는 유틸리티가 확실한 프로젝트와는 끼어 있는 거품의 정도가 다르리라는 것이다. 앞서 살펴봤듯이 유틸리티로 인한 내재가치가 명확한 NFT 프로젝트는 많이 존재하고, 앞으로는 더 많이 생겨날 것이다. 우리가 유의해야 할 것은 NFT로 화려하게 포장된 껍데기 속에 어떤 것이 들어 있는지 냉철하게 판단하는 것, 그뿐이다.

물론 유틸리티가 명확하다고 해서 NFT 시장에 더는 문제점이 없는 것은 아니다.[2] NFT는 블록체인 기술에서 파생되는 토큰이다. 체인마다 보안성의 정도에 차이가 있지만, 어느 체인도 의도하지 않은 거래가 발생할 위험을 완전히 회피할 수 있는 구조는 아니다. 또한 토큰이 담고 있는 원본이 소실될 수도 있다. 특히 디지털 콘텐츠의 경우 파일에 대한 경로 등의 메타 데이터를 토큰 내에 저장함으로써 외형을 유지하는 경우가 많은데, 이때 원래 파일의 경로가 소실되면 이미지가 소

---

2 일각에서는 과다한 전력 소비로 인한 환경문제를 지적하기도 한다. 이는 근간하는 체인이 어떤 합의 알고리즘으로 운영되느냐에 따라 발생하는 문제인데, 작업증명PoW 방식을 사용하는 체인에서 이런 문제가 지적되고 있다. 하지만 NFT의 발행과는 무관하게 체인의 블록들은 일정 시간마다 똑같이 생성되기 때문에 NFT가 환경문제를 일으킨다는 사실은 근거가 부족하며, 근간하는 체인의 이슈에 더 가깝다. 한편, 대다수의 체인은 현재 지분증명Proof of Stake, PoS 방식으로 운영 중이다. 전체 NFT 거래량의 60% 이상을 차지하는 이더리움도 현재는 작업증명 방식이지만 지분증명 방식으로 전환될 예정이다.

실된다는 문제가 있다. 아직 초기 단계의 기술이기 때문에 NFT로 발행되는 저작물과 관련하여 법적인 규제 및 권리에 대한 체계도 명확히 잡히지 않았다. 예컨대 누군가가 루브르 박물관의 〈모나리자〉 사진을 찍어 NFT로 발행한다면 문제가 될까, 아닐까?

IT 기술이 비약적으로 발전하면서 우리는 점점 더 디지털 시스템을 구체화해나가고 있다. 이를 통해 금융, 엔터테인먼트, 라이프 스타일 등 일상생활의 많은 영역을 디지털 시스템에 의존하게 됐다. 하지만 '디지털 복제'의 위험은 디지털상에서의 경제활동에 신뢰의 문제를 야기했고, 이는 인터넷이 정보 전달 이상의 수단으로 확장되는 걸 제한했다.[1] 이런 맥락에서 불특정 참여자들의 검증을 통해 거래 내역의 신뢰를 보장하고 누구나 이 거래를 열람할 수 있도록 투명하게 관리되는 블록체인은, 신뢰를 해야만 하는 중개자의 필요 없이 누구나 디지털상에서 가치를 전달할 수 있는 안전한 시스템으로 주목받았다.

이런 블록체인상에서 구현된 NFT는 소유권을 증명할 수 있다는 점에서 다양한 형태의 가치를 전달할 수 있는 매개체로 활용될 수 있다. 요컨대 기존에 구조적으로 존재할 수밖에 없었던 일상생활과 디지털 세계 간 가치 교환의 경계를 허물어줄 수 있는 접점의 역할로서, 또 그

---

1 핀테크Fintech(Finance와 Technology)의 합성어가 발전하면서 우리는 상호 간에 '돈'이라는 것을 쉽게 전송할 수 있게 됐다. 하지만 이는 실제로 돈이 전송되는 것이 아니라 디지털 정보가 전송되는 것이다. 일반 사용자와 핀테크 시스템의 운영자들이 상호 간에 교환되는 디지털 숫자를 완전히 '신뢰'한다고 가정하기 때문에 모두가 돈이 이동한다고 믿을 수 있고, 금융 활동을 할 수 있는 것이다.

PART 2
자산으로서의 NFT

로 인해 많은 경제활동이 디지털 세상에서 일어날 수 있게 한다는 점에서 NFT는 잠재력이 무한하다고 평가된다. 하지만 이는 이론적으로 가능한 시나리오일 뿐 아직까지는 수집품 영역에 머물러 있고, 유틸리티 확장 시도가 실험적으로 이루어지고 있는 단계다.

그렇다면 과연 우리는 지금 NFT를 구매해도 되는 것일까? 결론부터 말하자면, 각자 관심이 가는 NFT를 구매해보기를 적극적으로 권한다. 어떤 자산이건 투자에는 늘 리스크가 따른다. 자신만의 리서치를 통해 NFT 프로젝트의 유틸리티 및 내재가치를 확인하고 직접 투자를 해본다면, 수익을 떠나 왜 이렇게 많은 사람이 NFT에 열광하는지 이해하는 데 큰 도움이 될 것이다. 실제로 내러티브의 바닷속으로 뛰어들고, 작품을 구매해보고, 커뮤니티에 참여하며 의견도 내본다면 NFT의 유틸리티, NFT와 블록체인이 근본적으로 추구하는 철학, 나아가 이런 철학이 어떻게 세상을 바꿀 수 있는지에 대한 통찰력이 생길 것이다.

'DYOR!', 'Learn to Earn!' 직접 연구하고 참여해보라!

PART 3

메타버스 속 NFT

Chapter 1

메타버스:
NFT의 가장 큰
유스케이스

웹3과 NFT

NFT는 블록체인을 기반으로 만들어진 디지털 형태의 새로운 암호자산이다. 다르게 말하자면, NFT를 통해서 정보·이미지·영상 등 다양한 콘텐츠를 블록체인에 저장할 수 있어 가치를 부여하고 포착할 수 있다. 어떻게 보면 자산이면서 도구이고 콘텐츠이면서 플랫폼의 역할도 할 수 있는, 그야말로 새로운 형태의 자산인 셈이다. 이런 속성 때문에 NFT의 사용처는 한 가지로 국한되지 않으며, 다양한 유틸리티가 존재하기에 가치를 정의하기도 쉽지 않다.

암호자산의 시장 트렌드가 워낙 빠르게 변하기 때문에 NFT의 트렌드를 따라잡았다고 생각해도 그 정보는 어느 순간 지나가 버린 유행이 될 수 있다. 블록체인 시장에서의 3개월은 일반 산업에서의 1년과도 비슷하다고 할 만큼 많은 신규 사업이 하루가 다르게 생겨나고 있는 초기 단계다. 따라서 빠르게 변하는 트렌드를 좇는 것도 중요하지만, 근본적으로 NFT와 블록체인의 속성을 이해함으로써 어떤 가치를 가지고 있는지, 앞으로 생태계가 어떤 방향으로 나아갈지를 고찰해보는 것이 더더욱 중요하다.

서두에 설명했듯, 블록체인에서는 특정 주체가 통제 권한을 독점하는 것이 아니라 채굴(또는 검증)이라는 과정을 통해 불특정 다수의 참여자가 합의하여 블록에 거래를 기록하기 때문에 그 내용의 위·변조가 불가능하다. 즉, 장부를 누군가가 독점하는 것이 아니라, 다자에 의해 탈중앙적인 형태로 생성되고 유지된다. NFT는 이런 체인의 특성을 기반으로 만들어진 규격 토큰이기 때문에 변조가 불가능하고, 높은 보안성을 가지며, 디지털상에서 가치를 지닐 수 있고, 거래가 가능한 것이다. 따라서 블록체인이 가진 탈중앙성 및 개방성이라는 특징을 이해하지 않고는 NFT가 가지는 '개방형 자산'의 가치와 정신을 놓칠 우려가 있다. 이런 가치가 바탕이 되기 때문에 NFT를 활용하여 누구나 콘텐츠를 만들 수 있을 뿐만 아니라, 이제는 그 콘텐츠의 권한과 소유권을 플랫폼에 양도하지 않고 자신이 완전히 통제하여 새로운 시장을 개척할 수 있는 것이다.

웹3의 개요

NFT를 통해 인터넷 공간에서 콘텐츠를 생산하고 소통하고 공유하고, 이를 통해 수익을 창출하는 방법이 완전히 바뀌고 있다. 콘텐츠에 대한 권한이 기업에 집중되어 있는 웹2와는 반대로, 블록체인 기술 및 NFT가 활용될 수 있음에 따라 참여자들이 권한을 가질 수 있는 웹3이 서비스의 새로운 기반이 되고 있다. 즉, 탈중앙성과 개방성이라는 특징을 지닌 웹3이라는 새로운 개념이 탄생한 것이다.

기존의 방법을 무분별하게 비판하는 것은 아니다. 인터넷의 성장과 발전을 위한 그 시기에는 그에 맞는 역할이 있었다. 하지만 이제는 다음과 같은 질문을 던질 때다.

- 이제 다음 단계는 무엇인가?
- 기존의 웹2 구조에서는 어떤 문제가 있었는가?
- 그 문제를 해결하기 위하여 어떤 장치가 필요한가?
- 더욱 발전된 형태, 개선할 수 있는 형태가 있는가?

사실 탈중앙성과 효율은 인류가 수천 년간 씨름해온 딜레마다. 수만 년에 걸친 인류 역사에 비하면, 민주주의가 제대로 정착된 지는 얼마 되지 않는다. 민주주의는 인류의 오랜 고민이 담긴, 현시대에서 가장 검증된 제도다. 다른 제도에 비해 더 높은 투명성을 제공하고 다수의 목소리가 개입할 수 있기 때문이다.

생각해보면 민주주의는 한 사람의 지시를 받들어 일이 일사천리로 추진될 수 있는 왕권이나 독재정치보다는 비효율적이라고도 볼 수 있다. 하지만 전근대적 사상에서 벗어나지 못한 사람이 아닌 이상 누구도 민주주의가 그 제도들보다 열등하다고 생각하지 않는다. 물론 대통령과 위정자들을 뽑는 과정을 생각한다면 비용이나 시간 측면에서 비효율적일 수도 있다. 하지만 그런 설득과 검증의 과정을 통해서 공정하고 건강한 사회를 구축할 수 있다면, 결과적으로 민주주의라는 형태가 가장 효율적이라고 말할 수도 있지 않을까. 어쩌면 탈중앙성은 목적이 아닌 과정이자 방법일 것이다.

대부분 사람은 현재에 만족하면서 살 뿐 눈앞에 보이는 현상에 질문을 던지지 않는다. 비트코인을 탐구한다는 것은 기존 금융제도에 질문을 던지는 것이고, NFT를 탐구한다는 것은 단순히 신기술을 경험해보거나 자금을 유치하고자 하는 것이 아니라 현재의 인터넷 공간에서 무언가를 소유하는 방법과 그 안에서 당연시 여겨졌던 사업 구조들에 의구심을 갖는 것이다.

지도자는 신이 세우는 것이 아니라 내가 투표로 선택할 수 있다는 계몽이 사회를 보는 관점을 완전히 바꾼 것처럼, 그런 인식의 변화 과정이 디지털 공간에서 일어나고 있다. 비트코인이나 이너리움 그리고 그 위에 만들어진 NFT와 같은 암호자산에 대한 관심은 탈중앙성이라는 가능성과 가치에 대한 직간접적인 참여 행위다. 반대로 말하자면, 이런 철학적 사고 단계가 없이 암호자산에 관심을 갖는 접근이라면, 암호자산의 가치가 불분명해 보일 수 있다.

탈중앙적인 플랫폼을 지향하는 창업자 및 크리에이터들은 현재 대부분의 웹2 플랫폼 서비스가 운용되는 중앙집중적인 방식보다 참여에 따라 더 많은 권한과 효용을 가질 수 있는 블록체인 기반 웹3 형태의 서비스에 더 많은 관심을 가지고 있다. 개인의 주권이 중시되는 만큼, 이런 형태에서는 가치를 만들어나가는 주체가 개인이기 때문에 기존 웹2와 달리 서비스 성공의 열쇠는 참여자들에게 있다. 따라서 웹3의 가치가 혁신적이라고 여기는 사람들 및 참여자들에게는 블록체인과 NFT에 대한 이해가 시대적 변화의 과정에 참여하는 첫 단추가 될 수 있다. 이것이 바로 이 글을 통해서 궁극적으로 던지고자 하는 질문이며 말하고자 하는 방향이다.

NFT는 디지털 공간 안에서 예술품, 수집품, 게임 아이템, 가상 공간의 부동산 등 다양한 형태의 자산을 토큰화할 수 있게 한다. 토큰화한다는 것은 블록체인에 그 소유자와 원작자 등 자산의 정보를 기록함으로써 조작이 불가능하게 만든다는 것으로 이해하면 된다. 그럼으로써 해당 자산은 디지털 공간 안에서 소유권ownership, 희소성scarcity, 진본성authenticity을 증명할 수 있다.

웹3 기반으로 유통되는 NFT에 대해 조금 더 이해를 돕기 위하여 기존 인터넷 공간(웹2)에서의 콘텐츠와 NFT로 토큰화된 콘텐츠의 핵심적 차이를 정리하면 다음과 같다.

구분	NFT 기반 콘텐츠(웹3 콘텐츠)	기존 콘텐츠(웹2 콘텐츠)
속성	NFT화된 콘텐츠는 디지털적으로 복제되어 존재할 수 없다.	모든 파일이 원본과 동일한 속성을 가지고 있다.
소유권	모든 NFT는 소유자가 있으며, 그 내용이 개방되어 있기에 누구나 쉽게 정보를 확인할 수 있다.	디지털 아이템에 대한 소유권이 특정 기관의 서버에 기록되어, 중앙 주체 또는 제3자에 의해 관리된다.
권한	NFT 콘텐츠의 원작자 또는 소유자는 자신의 NFT를 자유롭게 판매할 수 있다.	콘텐츠는 특정 플랫폼을 통해서만 유통이 가능하고, 플랫폼의 이용약관과 지리적 규제에 제한을 받는다.
수익	NFT 콘텐츠의 원작자 또는 소유자는 판매한 NFT의 수익을 온전히 가져갈 수 있다.	콘텐츠 판매 시, 수수료 정책에 따라 유통 플랫폼이 원작자보다 더 큰 수익을 가져갈 수 있다.

| NFT 기반 콘텐츠 vs. 기존 콘텐츠 |

이처럼 웹2 구조의 기존 디지털 시장에서는 콘텐츠에 관한 권한이 플랫폼에 집중됐다면, NFT 기반의 콘텐츠는 권한을 중앙 플랫폼에서 개인 참여자에게로 이전한다. 이를 통해서 디지털 공간 내 개인 참여자들의 콘텐츠에 대한 자율성이 보장될 수 있다.

한편 비슷한 관점에서, 최근 많은 기업이 관심을 보이는 '메타버스'라는 키워드에 대해서도 웹3이라는 개념이 적용될 수 있다. 기존 웹2 기반의 폐쇄형 플랫폼과 웹3 기반의 개방형 메타버스가 대립하는 구도가 쟁점이 될 거라고 본다. 사실 메타버스는 그 안에 이미 개방성을 내포한 개념이기 때문에 웹2 기반으로는 메타버스가 만들어질 수 없다. 메타버스라고 자칭하는 웹2 기반의 플랫폼들은 메타버스라는 표현만 빌렸을 뿐, 기존의 온라인 플랫폼과 다를 바가 없다. 하지만 시장과 대중이 탈중앙성과 개방성의 의미를 완전히 포용하고 이해하기 전까지는 이러한 내러티브의 대립이 한동안은 지속될 것이라고 전망한다.

물론 웹3에 대한 비판도 존재한다. 소셜 네트워크 서비스SNS 중 하나인 트위터의 CEO인 잭 도시는 본인의 트위터 계정을 통해 거대 기업과 벤처캐피털들이 막대한 자금으로 웹3 프로젝트들에 투자하고 있는데, 웹3을 지향하면서 프로젝트에 대한 지분은 많이 가져가는 이런 현상이 진정 탈중앙성을 지향하는 현상인지 그 모순에 대해 의문을 제기하기도 했다.

벤처캐피털을 포함하여 게임을 비롯한 웹3에 활용될 수 있는 유스케이스와 관련된 많은 기업이 웹3 시장을 선점하기 위한 경쟁을 시작했고, 웹3의 활성화를 위해 미국 벤처들이 워싱턴에서 로비도 활발하게 하고 있다는 점에서 그런 비판도 충분히 의미가 있다고 본다. 그런데 다른 한편으로는 자본과 인력이 몰리고 있다는 사실 자체를 시대적 변화의 신호탄으로 볼 수 있다.

또한 웹3에서는 기존에 비해 일반인에게도 투자 기회가 훨씬 더 폭넓게 열려 있다. 기존에는 투자 방법이나 정보가 매우 제한적이고 비대칭적이었다면, 토큰 경제를 기반으로 하는 웹3에서는 일반인들도 비교적 이른 시기에 투자에 참여할 수 있다.[1]

웹1	읽기 전용
웹2	읽기, 쓰기, 공유하기
웹3	읽기, 쓰기, 공유하기, 소유하기

| 웹1 vs. 웹2 vs. 웹3 |

---

[1] 이에 대해서는 PART 2. '유동성 주입을 위한 생태계의 노력과 발전'을 참조하길 바란다.

웹3이 바꾸는 세상

웹1은 초창기 인터넷의 형태다. 웹페이지상에서 콘텐츠들이 공유될 수는 있었지만, 대부분이 단순 텍스트와 이미지 등의 정적인 콘텐츠였기 때문에 접속자들은 상호작용을 할 수 없었다. 즉, 순전히 콘텐츠를 보는 용도의 공간이었다.

웹2는 현재 사용되고 있는 인터넷의 형태다. 웹1과 다른 점은 일반 개인들이 직접 콘텐츠 생산에 참여할 수 있게 됐다는 것이다. 많은 사람이 플랫폼상에 콘텐츠를 주도적으로 올리고, 다른 사람들의 콘텐츠를 볼 수 있었다. 마이스페이스, 싸이월드와 같은 플랫폼을 시작으로 현재 유튜브, 페이스북, 인스타그램, 틱톡, 네이버 블로그 등등이 대표적인 웹2 서비스라고 볼 수 있다.

앞서 강조했듯이 웹3에서는 웹2와 달리 콘텐츠에 대한 소유권을 제작자가 직접 가짐으로써, 그로 인해 발생하는 효용을 온전히 제작자가 누릴 수 있다. 웹2에서는 참여자의 콘텐츠뿐만 아니라 참여자에 대한 정보까지 플랫폼에 제공됐기 때문에 프라이버시 문제가 있었는데, 웹3상에서는 참여자의 개인정보 또한 온전히 본인의 권한하에 있다.

웹3이 주목받은 데에는 웹3이 부가적으로 창출할 가치보다는 기존 웹2 서비스의 문제점이 더 크게 작용했다. '왜 나의 데이터와 활동으로 내가 가져가는 혜택보다 제3자(플랫폼)가 더 많은 이윤을 남기는가?' 하는 문제다. 단순히 플랫폼 사용료라고 보기에는 개인의 데이터가 창출

RYAN SINGEL SCIENCE OCT 6, 2005 12:00 PM

Are You Ready for Web 2.0?

SAN FRANCISCO — No one may be able to agree on what Web 2.0 means, but the idea of a new, more collaborative internet is creating buzz reminiscent of the go-go days of the late 1990s. Excitment over emerging new publishing theories — and the whiff of a resurgence of startup financings — this week [...]

f 🐦 ✉ 🔖

SAN FRANCISCO -- No one may be able to agree on what Web 2.0 means, but the idea of a new, more collaborative internet is creating buzz reminiscent of the go-go days of the late 1990s.

| 웹2의 시작을 알리는 2005년 10월 인터넷 기사. 이처럼 웹3도 지금 시작점에 서 있다. |
출처_ wired.com

할 수 있는 가치가 매우 크기 때문이다. 어떻게 보면 각 개인은 자신이 인터넷상에서 남기는 가치 있는 정보에 대한 대가를 받지 못하고, 이런 불공정한 거래에 익숙해져 있어서 반론을 제기하지도 못했다.

하지만 웹3은 블록체인을 기반으로 하기 때문에 자신의 데이터에 대한 주권을 본인이 가진다. 이에 따라 웹3 기반의 애플리케이션들은 그로 인해 발생한 가치가 데이터 제공자에게 온전히 돌아갈 수 있게 한다.

예를 들어 브레이브 브라우저는 사용자가 인터넷 접속 시 광고에 노출되는 것을 차단할 수 있는데, 만일 노출을 허용할 경우 그에 따른 토큰 보상을 받을 수 있다. 더샌드박스와 같은 플랫폼에서는 메타버스 플랫폼 내에서 콘텐츠 제공자가 콘텐츠 판매로 인한 수익을 거래 수수료 없이 100% 가져갈 수 있게 되어 있다.

기존 웹2 플랫폼들에서는 거래 수수료를 명목으로 현저히 낮은 비율로 콘텐츠 제공자에게 수익을 배분했지만, 웹3에서는 활동 주체가 자신의 활동을 직접 정의하고 그에 따라 투명하게 보상을 받을 수 있다. 웹3을 말할 때 항상 토큰 경제가 함께 언급되는 이유가 이것이다.

요컨대 웹3이 이런 이점을 가질 수 있는 이유는 결국 블록체인에 기반하기 때문이다. 따라서 웹3 서비스도 블록체인이 가지는 다음과 같은 특성들을 가질 수 있다.

- 무허가성: 콘텐츠 소유권 및 특정 활동에 관한 권한에 제3자의 개입이 더 이상 필요하지 않다.
- 무신뢰성 & 보안성: 블록체인이 거래 내역을 기록하는 방식을 통해 참여자들이 하는 활동들을 신뢰할 수 있으며, 누구도 이를 수정할 수 없다.
- 투명성: 기록된 활동 내역은 누구나 쉽게 열람할 수 있다.

고가에 판매되는 NFT 작품들을 보면서 과열과 거품을 떠올리는 것이 자연스러울 수도 있지만, 앞으로 NFT가 가져올 미래를 생각한다면 과열이 NFT 시장의 모든 것이 아니라 확장의 서막을 알리는 것에 불과하다고도 볼 수 있다.

예를 들어 게임 산업은 2020년을 기점으로 영화와 음악 산업을 합친 규모를 추월했다. 엑시인피니티 등 NFT를 접목한 P2E 기반의 게임들이 출시되기 시작하면서 많은 주목을 받고 있는데, 이런 게임 내에서는 게임 아이템이 NFT로 구현되어 게이머가 직접 소유할 수 있다는 점에서 혁신이라고 평가된다.

앞에서 설명했듯, NFT는 향후 다양한 유틸리티를 통해 수많은 가능성을 보여줄 수 있다. 하지만 이런 것들을 적용하는 데 NFT가 웹3상에서 어떻게 동작하는지 깊이 이해하지 못한다면 NFT 그리고 NFT가 적용될 수많은 메타버스 공간[1]에서 발현되는 새로운 가치를 제대로 이해하기 어렵다.

차별화된 가치를 지닌 웹3에서의 메타버스

NFT라고 하면 아마도 디지털 아트가 가장 먼저 떠오를 것이다. 수천만 원에서 수억 원에 판매됐다는 뉴스를 접하고 혹자는 막연하고 터무

---

1   앞으로 다룰 메타버스는 기존 웹2 기반의 메타버스가 아니라 더샌드박스, 디센트럴랜드와 같이 블록체인 기반으로 만들어진 메타버스를 뜻한다

니없는 투자 자산이라는 인상을 받았을 수도 있다. 하지만 NFT의 장기적인 가치를 논하고자 한다면, 다음 인터넷이라고 하는 웹3에 기반하여 디지털상에서 거래되는 다양한 오브젝트의 기초자산이 될 수 있다는 사실을 인지해야 한다. NFT는 특히 커뮤니티가 주도하는 핵심 인프라 공간인 메타버스가 가장 적극적인 활용처가 될 수 있다. 메타버스야말로 NFT의 기능들이 제 가치를 발현할 뿐만 아니라 가치를 더욱 확장하기에 용이한 공간이기 때문이다.

메타버스와 NFT

무언가를 정의한다는 것은, 그에 따라 향후 방향성과 속성이 결정되기 때문에 매우 중요하다고 할 수 있다. 메타버스 역시 오랫동안 정립돼온 개념이 아닌 모두가 만들어나가고 있는 산업이기 때문에 정의가 모호한 부분이 있다. 다만 나는 메타버스를 다음과 같이 정의하고자 한다.

'메타버스는 사회, 경제, 문화 등 현실 세계의 상호작용이 이뤄질 수 있는 개방형open 가상 공간이다.'

기존의 온라인 플랫폼과 메타버스가 다른 점은 기존 온라인 공간이 주로 정보 전달의 공간이었다면, 메타버스는 웹3의 속성에 따라 가치를 전달할 수 있는 공간이라는 것이다. 기존의 온라인 플랫폼상에서 가치 전달이 어려웠던 이유는 그 가치가 제3자에 의해 통제되거나 허가가 필요했기 때문이다. 이런 구조는 가상의 공간상에서 참여자들 간 유기적인 경제활동 등 일련의 활동을 어렵게 한다. 웹3을 따르는 메타버스가 기존의 인터넷과 결정적으로 차별화되는 부분이 바로 이것이다.

메타버스를 이루는 2개의 핵심 기둥은 사회적 경험, 참여를 독려하기 위해 탈중앙적으로 설계된 경제적인 보상이 있는 구조라고 할 수 있다. 따라서 경제적인 구조만 있고 사회적 경험이 부족하다면 진정한 메타버스라고 말할 수 없고, 반대로 사회적인 경험만 있고 탈중앙화된 경제활동이 뒷받침되지 않는다면 그 또한 진정한 메타버스라고 말할 수 없을 것이다. 메타버스라고 하면 많은 사람이 VRVirtual Reality(가상현실) 및 ARAugmented Reality(증강현실)과 동일시하는데, 그런 시각적인 부분보다는 참여자 간의 유기적인 상호작용이 더욱 결정적이라고 할 수 있다. 웹3상에서 메타버스는 시각적인 그래픽에 대한 것이라기보다는 디지털 공간에서 참여자들 간의 사회적 교류 및 토큰 경제에 의하여 야기될 수 있는 수많은 경제활동에 대한 가능성이라고 생각된다. 물론 기술이 고도화되면서 3D, VR, AR 형태의 그래픽이 메타버스에서 주요한 특징이 될 수도 있지만 그런 요소들이 온전히 메타버스를 정의할 수는 없다.

그렇다면, NFT는 메타버스 생태계 내에서 어떤 역할을 할 수 있을까? 어떻게 블록체인과 NFT를 통해서 탈중앙적인 경제 시스템이 메타버스상에 구축될 수 있을까?

현실 세상 속에서 사람들이 사회적·경제적 활동을 할 수 있는 이유 중 하나는 저마다의 자산이 존재하고, 그 가치가 인정받을 수 있기 때문이다. 사람들은 자산을 축적하기도 하고 소비하기도 하면서 경제·금융·문화 활동을 하고, 사회와 상호작용을 한다. 이는 은행이나 정부와 같은 기관에서 장부 또는 문서 등으로 자산을 증명해줄 수 있기 때문이다. 이처럼 일종의 신뢰할 수 있는 주체가 존재하기 때문에 사람들은 사적 공간과 재산을 확보하고 지킬 수 있고, 누구도 협의 없이 소유자의 의지에 반하여 그 공간과 재산을 활용하거나 처분할 수 없다. 그런 규칙들이 블록체인상에 올려진 NFT를 통해 가상 세계에서 만들어질 수 있다.

현재 자산을 디지털 공간에서 증명하는 방법은 매우 취약하다고 할 수 있다. 디지털 복제의 위험이 도사리고 있기 때문이다. 그 때문에 디지털을 기반으로 한 특정 콘텐츠나 재화는 자산이 될 수 없었다. 블록체인이 가져온 큰 변화 중 하나가 바로 가상 공간 안에서의 자산이 인정되어 거래될 수 있는 새로운 터전으로서 역할을 할 수 있도록 인프라를 제공한다는 것이다.

2,100만 개라는 희소성을 지닌 비트코인이 세상에 나오면서 무한 복제가 가능한 디지털 공간에서 '희소성이 있는 재화'라는 개념이 처음 탄생했다. 이어 이더리움이 등장하면서 이 재화를 통해 다양한 기능을

하는 애플리케이션을 구현할 수 있는 스마트 콘트랙트가 가능해져 들쑥날쑥한 가상 공간에서도 가치를 통해 특정한 활동을 할 수 있게 된 것이다. 그리고 그런 블록체인에 다양한 가치를 적용할 수 있는 NFT가 만들어지게 됐다. 요컨대 NFT를 통한다면, 가상 공간에서 다양한 자산에 대한 활동을 할 수 있게 되는 것이다. 더욱이 NFT를 통해서는 특정 자산이 가상 공간 안에 몇 개가 존재하는지, 진품인지 가품인지, 원작자가 누구인지, 소유권이 어떻게 바뀌어왔고 현재는 누가 소유하는지 등을 증명할 수 있다.

NFT를 가장 쉽게 이해할 수 있게 해주는 것은 가상 부동산이다. 만일 공급이 한정적이지 않거나, 소유권을 증명할 수 없거나, 공간을 개인이 원하는 대로 사용할 수 없다면 가상 부동산을 구매할 이유도 소유할 이유도 전혀 없을 것이다. 하지만 NFT가 판도를 완전히 바꾸어놓았다. NFT가 현실 세계에서의 부동산 문서와 같은 역할을 하기 때문이다. 특정 가상 부동산에 대한 모든 정보가 NFT로 존재할 경우 누구나 해당 NFT의 메타데이터를 확인하기만 하면 모든 사실을 알 수 있다. 그 부동산을 처음에 누가 만들었는지, 어떤 가격으로 어느 정도의 빈도로 거래되어왔는지, 지금은 누가 소유하고 있는지, 애초에 관련된 부동산의 총공급량은 얼마나 되는지 등.

기존의 가상 공간은 그저 필요에 의해 잠시 쓰다가 버려지는, 가치를 논할 수 없는 디지털 데이터에 불과했다. 하지만 NFT를 통해 탄생하는 가상 부동산은 현실의 부동산처럼 가치를 지니게 된다. NFT를 통해 일종의 지속적인 현실감이 부여되었기 때문이다.

디지털상에서 어떤 재화를 구매한다는 것이 혹자에게는 잘 이해가 안 가는 현상일 수도 있을 것이다. 하지만 가상 재화를 소유하려는 것은 온라인 공간이 존재하기 시작한 이후로 항상 있었던 현상이다. 2000년대 초에 출시한 리니지나 디아블로의 게임에서는 특정 게임 아이템이 수천만 원에 거래되기도 했고, 웹2 메타버스의 시초라고 할 수 있는 싸이월드에서는 '도토리'라는 가상화폐를 구매해 자신만의 빙을 꾸미고 그 공간을 채워줄 배경음악을 구매하기도 했다.

비록 가상화폐는 그 플랫폼에서만 활용된다는 한계가 있고, 해당 플랫폼이 서비스를 중단하면 구매한 모든 것이 날아갈 수 있다는 리스크가 있었음에도 사람들은 가상 콘텐츠를 항상 소비해왔다. 그것이 감정적 애착 때문이었든 개인의 만족을 위해서였든 간에 말이다.

그런데 이제 사람들은 NFT를 비롯한 암호자산을 통해 자신이 구매한 디지털 자산이나 콘텐츠를 영구적으로 소유할 수 있게 됐다. 플랫폼이 서비스를 중단하더라도 자신이 구매한 자산은 지갑[1]에 남게 되어 다른 플랫폼에서 활용하든, 유통 시장에서 판매하든 자신이 원하는 대로 소유권을 행사할 수 있다. 디지털 공간에 존재하는 자산을 NFT를 통해 진정으로 소유할 수 있게 된 것이다.

---

1 블록체인 시스템상에서 코인, 토큰, NFT와 같은 암호자산들이 관리되는 공간을 지갑이라고 한다. 이 지갑은 디지털상에서 관리되는 소프트 월렛Soft Wallet과 USB나 카드와 같이 컴퓨터와 연결하여 쓰는 하드 월렛Hard Wallet으로 구분할 수 있다.

크리에이터 이코노미

근 10여 년간 IT 업계에서 일어난 가장 큰 변화 중 하나는 바로 유튜브의 채택이다. 예전에는 '과연 일반인들이 제작하는 영상이 TV에 나오는 프로그램보다 더 재밌을까?'라는 의구심이 존재했다. 하지만 유튜브에는 TV보다 더욱 자극적이고 재미있고 다양한 콘텐츠들이 올라오고 있으며, TV 못지않은 높은 영상 편집 수준을 보여주기도 한다. 현재는 남녀노소를 불문하고 많은 사람이 TV보다 유튜브를 시청하는 데더 많은 시간을 쓴다.

이처럼 블록체인과 NFT 덕분에 이제 메타버스상에서 누구나 원하

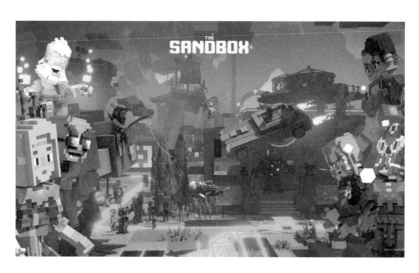

| 더샌드박스 프로젝트 |
출처_ The Sandbox

는 콘텐츠를 만들고 소비할 수 있으며, 이렇게 만들어진 콘텐츠는 철저히 소유권이 보장되고 거래될 수 있다.

한 예로, 게임도 일반 플레이어들이 만드는 게임이 흥행하는 시대가 오리라고 예상해볼 수 있다. 지난 몇 년간 가장 인기 있는 게임이자 전 세계 E스포츠 대회 중 가장 많은 시청자 수 기록을 보유 중인 '리그 오브 레전드'라는 게임만 보더라도, 워크래프트라고 하는 게임 내에서 일부 사용자들이 커스텀하여 만든 유저맵에서 탄생한 게임이다. 요컨대 탈중앙적인 NFT 플랫폼과 유저 제작 콘텐츠가 만난다면, 누구나 쉽게 자신만의 개인 IP를 만들어갈 수 있다.

세상은 바야흐로 콘텐츠 시대

전 세계 인구 79억 명 중 약 30억 명이 게임을 즐겨 하는 게이머일 정도로 게임 산업은 현재 가장 빠르게 성장하고 있는 엔터테인먼트 산업 중 하나다. 이에 따라 자연히 전 세계의 많은 테크 기업이 게임 산업에 무게를 두고 있는데, 최근 마이크로소프트에서 액티비전 블리자드를 82조 원에 인수한다는 계획을 발표했다.

이 소식으로 마이크로소프트가 메타버스를 계획하는 것이 아닌가 하는 예측이 많았다. 일단 현재 마이크로소프트의 구독 서비스는 '게임 패스'라는 서비스를 중심으로, 중앙화된 사업 모델이 만들어져 있는 만큼 단기적으로는 메타버스와 관계가 멀어보일 수 있다. 하지만 이들이 메타버스 시장에 본격적으로 진입하게 될 때 가장 핵심적인 무기가 될 IP 콘텐츠를 확보하고 있다는 점이 중요하다. 그래서 마이크로소프트는 메타버스에 대한 초석을 분명하게 깔아둔 셈이라고 본다.[1] 어쩌면 현존하는 커뮤니티 중 가장 활발한 게임 커뮤니티를 확보했다고 할 수도 있을 것이다.

업계에서 'Content is King, Platform is Queen(콘텐츠가 왕이고, 플랫폼은 퀸)'이라는 표현이 통용될 만큼 콘텐츠는 엔터테인먼트 산업에서 매우 중요하다. 2019년, 더샌드박스를 개발한 애니모카의 창립자 얏 시우Yat Siu가 NFT 사업을 확장하면서 가장 강조했던 표현이기도 하다.

앞으로 다가올 메타버스 세상에서의 콘텐츠는 스토리텔링을 넘어 스토리 체험, 즉 경험적인 요소가 중요해질 것으로 점쳐지고 있다. 콘텐츠가 중요해지는 만큼 그에 대한 첫 반응으로 여러 기업이 OTT[2] 플랫폼 사업에 뛰어들고 있고, OTT 플랫폼들은 지속적으로 자신만의 경쟁력 있는 콘텐츠를 만들어내는 데 집중하고 있다. 그리고 IP 콘텐츠를 가진 게임사들이 플랫폼을 구축하기 위해 메타버스 비전을 선언하고 있다. 대표적인 예가 방대한 IP와 세계관을 가지고 있는 디즈니의

---

1 일단 현재 마이크로소프트의 구독 서비스는 '게임 패스'라는 서비스를 중심으로, 중앙화된 사업 모델이 만들어져 있는 만큼 단기적으로는 메타버스와 관계가 멀어보일 수 있다. 하지만 이들이 메타버스 시장에 본격적으로 진입하게 될 때 가장 핵심적인 무기가 될 IP 콘텐츠를 확보하고 있다는 점이 중요하다. 그래서 마이크로소프트는 메타버스에 대한 초석을 분명하게 깔아둔 셈이라고 본다.

2 OTT란 'Over-The-Top media service'의 약어로, 인터넷을 통해 사람들이 교육·영화·음악·방송 등의 미디어 엔터테인먼트 콘텐츠를 즐길 수 있는 플랫폼을 말한다. 넷플릭스가 대표적인 예다.

OTT 시장 진출이다. 이를 보면 콘텐츠가 시장의 역학을 바꿔나가고 있음을 알 수 있다.

다시 말해, 콘텐츠가 핵심이 되는 산업이 열리고 있다. 그만큼 콘텐츠 크리에이터의 역할이 매우 중요한데, 기업들이 콘텐츠를 확보하기 위해 앞다투어 스튜디오들을 인수하는 것도 그 때문일 것이다. 메타버스도 플랫폼이기 때문에 메타버스가 지속적일 수 있으려면 먼저 크리에이터 생태계가 활성화되어야 한다. 특히 개방형 플랫폼일수록 참여자들의 적극적이고 유기적인 참여가 굉장히 중요하다. 메타버스 내에서 크리에이터들은 NFT를 창작함으로써 생태계에 참여할 수 있다. 이때 크리에이터들은 이 콘텐츠를 진정으로 소유한 '주인'이 될 수 있다. 즉, 크리에이터들은 메타버스라는 드넓은 공간 안에서 본인이 소유한 NFT를 통해 자유롭게 자신을 표현하고, 원하는 방향으로 사업을 확장해나갈 수 있다.

콘텐츠 크리에이터

최근 콘텐츠 크리에이터라고 자신의 직업을 소개하는 사람들이 급증하고 있다. 전 세계적으로 온라인상의 크리에이터가 약 5,000만 명으로 추정되며, 그중 200만 명이 프로페셔널 크리에이터다. 이처럼 현재 디지털 공간에서는 매일 새로운 크리에이터들과 플랫폼 그리고 비즈니스 아이디어들이 탄생하고 있으며, 동시에 성장을 돕는 새로운 기술들이 발전하면서 역동적인 생태계를 만들어가고 있다.

이런 크리에이터 이코노미 속에서 크리에이터들이 성공하는 데에는 자신의 창작물들에 대한 바이럴이 매우 중요하다. 이를 위해서는 해당 크리에이터와 콘텐츠를 지지하는 커뮤니티의 역할이 결정적인 요소다.

물론 플랫폼 선정도 매우 중요한 부분이다. 플랫폼의 기술적인 지원을 받으면 개인 크리에이터들의 콘텐츠 출시가 훨씬 간편해질 수 있고 급성장의 기세를 탈 수 있기 때문이다. 하지만 크리에이터들이 플랫폼에 의존하는 만큼, 반대로 한순간에 터전을 잃을 수도 있다. 실제로, 암호자산에 대한 관심이 증폭하던 시기에 관련 규제가 강화되면서 수백만 명의 구독자를 가진 몇몇 크립토 크리에이터가 유튜브 플랫폼에서 활동 정지를 당한 적이 있다. 이런 리스크는 권한이 중앙화된 플랫폼상에서 언제든지 불거질 수 있다. 또한 중앙화된 플랫폼은 광고 노출 중심적인 비즈니스 모델을 갖고 있기 때문에 거기서 크리에이터 및 이용자가 피해를 보는 구조적인 한계도 분명히 존재한다.

그렇다면 웹3 공간에서는 크리에이터와 커뮤니티가 어떻게 권한을 가질 수 있을까? 앞서 설명한 웹3 개념을 더듬어보면, 다음 인터넷이라고 하는 웹3은 참여자와 크리에이터가 자신의 콘텐츠와 데이터를 직접 관리할 수 있게 하기 때문에 기능적으로나 경제적으로 탈중앙적인 공간이라고 볼 수 있다. 암호자산 리서치 기관인 메사리 리포트Messari Report의 연구원 메이슨 니스트롬은 "웹3은 인터넷의 기존 서비스와 프로덕트를 재구성하여 기업보다 사용자들이 더 많은 혜택을 가져갈 수 있도록 한다"라고 말한다.

현재 웹3 공간에서는 크리에이터들이 더 많은 권한을 가져갈 수 있도록 소셜 토큰과 NFT가 존재한다. 소셜 토큰은 크리에이터가 자신을 지지하는 팬들을 대상으로 만든 토큰이다. 팬들이 이 토큰을 보유할 경우 이를 통해 특별 콘텐츠를 즐길 수 있게 하거나, 크리에이티브 방향성에 투표권을 행사하게 하는 등 크리에이터와 팬 간의 경제 시스템을 구축할 수 있다. 어떻게 보면 소셜 토큰은 새로운 형태의 구독 모델이 될 수 있다.

NFT는 어떤 역할을 할 수 있을까? NFT는 디지털 공간의 크리에이터들을 위한 혁신이 될 수 있다고 생각한다. 물론 NFT가 투기적인 요소로 많은 관심을 받게 됐지만, 미래에는 크리에이터들을 위한 대중화된 일상의 도구가 될 것으로 생각한다. 앞서도 여러 번 강조했듯이, NFT는 무한 복제가 가능한 디지털 공간에서 희소성과 콘텐츠의 특수함 그리고 소유권을 증명할 수 있고, 블록체인을 기반으로 하기 때문에 특정 플랫폼에 국한되지 않고 크로스 플랫폼 경험이 가능하다. 따라서 장르를 불문하고 디지털 크리에이터들 또는 디지털 공간을 활용하고자 하는 아티스트들에게 메타버스와 NFT는 가장 좋은 기회가 될 것이다. 더욱이 디지털 아트 크리에이터는 전적으로 디지털을 기반으로 창작 활동을 하는 아티스트들이기 때문에, 그들의 작품이나 세계관과 디지털을 기반으로 한 NFT 간의 괴리가 다른 장르의 아트보다 적을 수 있다.

상당히 많은 콘텐츠 크리에이터가 인스타그램, 유튜브, 틱톡, 페이스북과 같은 유저 제작 콘텐츠 플랫폼에서 활동하고 있다. 플랫폼들에서 실제로 콘텐츠를 만들어내고 플랫폼의 성공을 이끈 것은 분명 크리에이터들이다. 플랫폼이라고 하는 새로운 지평이 열렸을 때 초반에는 활용도가 높았다. 하지만 플랫폼과 크리에이터들 간의 수익 분배 구조는 확실히 비대칭적인 형태다. 수조 원의 수익을 광고 수익으로 벌게되는데도 실제로 콘텐츠를 만들고 플랫폼이 흥행할 수 있게 하는 크리에이터들에게는 그중 일부만 돌아간다.

그에 비해 NFT 기반의 크리에이터 이코노미에서는 크리에이터가 그 부분까지 전적으로 관리할 수 있다. 크리에이터들은 더 이상 브랜드, 에이전시, 광고매체가 아니며 본인이 직접 관객과 소통하고 관객도 자신이 지지하는 크리에이터와 직접 소통할 수 있다.

또한 기존의 디지털 크리에이터들은 특정 브랜드에 속해 있었기 때문에 수익을 지속적으로 유지하기 위해서는 자신에게 많은 팔로워가 있다고 하더라도 활동에 어느 정도 제약이 있었다. 이제는 크리에이터 개인들이 블록체인 기술을 활용하여 디지털 콘텐츠를 만들어갈 수 있기 때문에 콘텐츠가 만들어지고, 공유되고, 소비되는 방법이 변화하고 있다.

먼저 NFT를 통해서 크리에이터들은 제3의 중개자들을 우회하여 수익 구조를 바꿀 수 있다. 이런 새로운 형태의 모델에서 플랫폼이 나아가야 할 방향은 크리에이터들이 '플랫폼을 위해for me' 콘텐츠를 만들고 플랫폼이 비대칭적으로 수익을 가져가는 형태가 아니라, 권한을 탈중앙화하고 크리에이터들과 공유하여 그들이 '플랫폼과 함께with me'라는 동업자적 마인드로 접근할 수 있게 하는 것이다. 그래야 플랫폼이 성공할 수 있을 것이다.

한국의 첫 NFT 아티스트인 미스터 미상의 이야기가 큰 울림을 준다고 생각한다. 아티스트들은 대개 자신만의 작품 세계가 있지만, 생계를 유지하기 위해 자신의 작품과는 별개로 기업의 수주를 받아 수익을 만들면서 자신의 작품 생활을 영위해나간다. 미스터 미상은 자신의 작품을 NFT로 판매하면서 굳건한 커뮤니티를 구축했고, 아티스트로서 완전히 자기 주권을 가질 수 있게 되어 본인의 작품 생활에만 집중할 수 있게 됐다. 이를 넘어 자체적으로 '고스트'라는 NFT 프로젝트를 론칭하면서 창작의 범위를 확장했다. 물론 모든 아티스트가 미스터 미상과 같은 놀라운 결과를 거둘 수 있으리라는 보장은 없지만, 작가의 작품을 열렬히 지지하는 커뮤니티를 구축할 수 있다면 이야기는 달라질 것이다.

NFT를 통해 바뀌는 크리에이터 이코노미

NFT가 크리에이터에게 가져오는 변화에는 어떤 것이 있을까?

첫째는 창조성의 자유다. 크리에이터들은 더 이상 특정 플랫폼이 요구하는 기준에 맞춰 작품 활동을 하지 않아도 되고, 디지털 공간 내에서의 무단 복제도 방지할 수 있다.

둘째는 크리에이터를 지지하는 커뮤니티 활성화다. NFT를 보유한 커뮤니티는 해당 NFT의 가치를 높이기 위해 특정 기업이나 플랫폼에 의존하지 않고 스스로 서포터가 되어 마케팅과 바이럴, 그 밖에도 가치를 증진시킬 수 있는 여러 가지 활동에 참여한다. NFT 시장이 단시간에 성장할 수 있었던 가장 핵심적인 요소이기도 하다. 또한 NFT는 단순히 디지털 수집품을 판매하는 것이 아니라 팬들에게 한정적인 경

| 가상 부동산의 가치 |
출처_ 더샌드박스 마켓플레이스 스크린 캡처

험을 제공하는 특별한 방법이 될 수 있다. 팬들에게 특별 혜택을 제공하는 방법은 지금까지 많이 시도되어왔지만, NFT를 매체로 하면 더욱 새로운 경험을 제공할 수 있다. 경험을 넘어 무언가를 직접 소유할 수 있다는 점에서 참여하고자 하는 동기가 더 적극적으로 생겨날 수 있다.

마지막으로는 새로운 수익원이다. NFT는 구매가 쉽고 소유권 이전도 간편하다. 아트 작품을 만든 후에 원하는 마켓플레이스에 NFT로 판매할 수 있다. 1차 판매 시에는 수익을 온전하게 가져갈 수 있고, 이후에는 재판매될 때마다 일정 비율의 수수료를 받음으로써 수익을 지속적으로 창출할 수 있다.

이제는 크리에이터가 중개자의 역할 없이 직접 커뮤니티와 소통할 수 있는 시대다. 이전 어느 때보다 개인 창작 활동이 활발히 일어나고 있다. 크리에이터 이코노미는 중앙적 기업의 통제를 벗어나 어떤 주체도 독점하지 않는 탈중앙적인 형태다.

로블록스와 같은 게임은 그만의 경제가 있고 자신만의 게임을 만들고 친구들과 소통하며 경험을 공유하는 플랫폼이지만, 여전히 중앙적인 형태의 게임이라고 볼 수 있다. 크리에이터들이 그 안에서 만드는 콘텐츠에 대한 소유권을 갖지 못하고, 로벅스Robux로 수익화하는 것도 제한적이다. 하지만 더샌드박스나 디센트럴랜드에서는 그 세계를 유저들이 온전히 소유한다. 모든 것이 NFT로 이루어져 있기 때문에 그 안의 가상 부동산을 비롯하여 모든 재화를 크리에이터가 소유할 수 있는 형태다.

P2E는 단순히 게임을 하면서 돈을 번다는 개념이 아니라 메타버스 내 새로운 형태의 경제활동 모델이다. 현실 사회에서도 자신의 기여와 역할에 따라 보상과 월급이 주어지는 것처럼, 가상 공간에서도 P2E를 통해 기여하고 참여하는 만큼 그에 맞는 보상을 받는 것이다. 참여하는 방법도 다양하다. 콘텐츠를 만들어 NFT로 판매할 수 있고, 커뮤니티 안에서 이벤트를 준비하고 아바타끼리 데이트를 주선하는 역할도 가능하며, 가상 공간에서 투어가이드나 큐레이터 역할을 할 수도 있다. 가상 부동산과 같은 자산들을 활용하여 자신만의 비즈니스를 구축할 수도 있다.

이처럼 가치가 전달될 수 있는 NFT 생태계에서 다양한 역할을 하며 자신만의 비즈니스 모델을 만들어나갈 수 있다. 오락성 콘텐츠에 국한

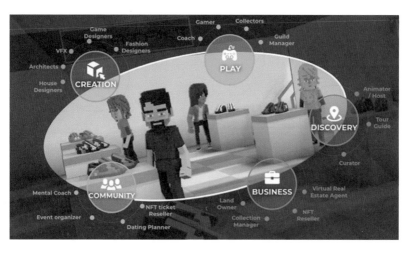

| 더샌드박스 메타버스에서 볼 수 있는 다양한 디지털 직군 |
출처_ The Sandbox

되어 사용됐던 '놀다'라는 의미를 가진 플레이play라는 표현이 생활과 더욱 밀접하게 연결될 것이다. NFT 메타버스의 참여자들은 사실상 모두가 크리에이터가 되는 셈이다.

크리에이터 공간에서도 이제는 NFT라는 형태가 가장 현시대적이면서도 격변이 일어나는 창작 지형의 한 중심이다. 콘텐츠 체험의 시대가 열리고 있는 만큼 NFT는 창작 영역에서도 자신만의 위치를 만들어가고 있다. 앞으로 4차 산업에서는 개인 또는 DAO라는 협동 구조를 통해서 크리에이터들과 커뮤니티가 완전히 새로운 직군과 역할로 바뀔 수 있다고 본다.

NFT를 통해서 커뮤니티가 더 협동적이고, 창작과 유저 중심적인 디지털 여건이 조성되고 있다. 역사적으로 볼 때 크리에이터를 지원하는 플랫폼은 끊임없이 변화되어왔다. 르네상스 시대에 메디치와 같은 부호 가문들이 크리에이터 활동을 지원했던 것처럼 앞으로 디지털 르네상스에서는 유저 제작 플랫폼이 그런 역할을 할 것이고, 무엇보다 커뮤니티가 직접적으로 참여하게 될 것이다. 또한 NFT가 함께하는 블록체인 기반의 메타버스는 유저 제작 플랫폼이자 지원하는 커뮤니티의 역할을 하게 될 것이다.

기존에 '콘텐츠가 왕이고 플랫폼이 여왕'이라는 표현이 있었다면, 이 문구는 이제 어떻게 수정되어야 할까?

| NFT도 인터넷처럼 지나가는 유행일까? |
출처_ 〈데일리 메일〉, 2000.12.5

Chapter 2

NFT를 통해 진화하는
디지털 사회 경험

NFT는 현실 세계의 자유 시장을 반영하여 사유재산을 증명하고 가상 세계에서의 유기적 · 순환적 상호작용을 가능케 한다고 강조했다. 메타 버스라는 가상 공간, 디지털 현실 또는 사회를 만들어갈 때 NFT는 어떤 역할을 할 수 있을까?

첫째는 투명한 경제 시스템이다. 블록체인의 특성상 NFT는 위조나 변조가 불가능한, 개방되어 있는 데이터이기에 데이터 조작을 방지할 수 있다. 이런 악의적인 행동은 주로 사회 구성원 간 정보의 불균형 및 폐쇄성에서 비롯된다. 메타버스상에 블록체인과 NFT가 활용된다면, 최근 사회적으로 이슈가 됐던 게임 아이템 확률 조작이나 아이템 복제 같은 불미스러운 사고를 방지할 수 있다.

둘째는 새로운 소셜 경험이다. 특정 NFT를 소유함으로써 메타버스 내의 사회에서 자신의 소속이나 자신의 가치관을 표현할 수 있고, 비슷한 가치관의 사용자들끼리 협동하여 콘텐츠를 만들고 DAO를 형성할 수 있다. 대개 사람들은 디지털 공간에서 독특한 요소를 통해 본인의 위치를 사람들에게 널리 알리고자 하는 경향이 있다. 본인이 소유한 NFT를 메타버스 내에서 자신의 정체성과 위치를 대변하는 도구로 사용함으로써 다른 플레이어들과 유기적인 커뮤니티 경험을 할 수 있다.

이처럼 NFT와 메타버스의 조합을 통해 우리는 디지털 사회를 현실화할 수 있다. 이는 투명한 경제 시스템의 구축으로 참여자들이 다양한 사회적 경험을 하게 하는 매체의 역할을 할 수 있다는 의미를 내포한다. NFT와 메타버스는 서로의 잠재력을 활성화하는 순기능적 공생

| 우정의 과학 |

'우정의 과학'에 따르면, 서로에 대한 긍정적인 인식을 기반으로 자기 개방과 함께 공유하는 경험이
만들어질 때 우정이 만들어진다고 한다.
출처_ Metacon 2022 IMVU 발표 자료

관계에 있다.

게임 산업에
주목해야 하는 이유

게임 산업이 NFT 측면에서 가장 먼저 주목받은 이유는 게임 공간이 메
타버스의 대표적인 사례로 볼 수 있기 때문이다. 사실 게임은 오락을
넘어서 상용화 가능한 가상 및 AI 기술의 수준을 가장 먼저 체험할 수

있는 매체이기도 하다. 2000년대 초반부터 매년 지속적으로 출시된 시리즈 게임들을 떠올려보면, 지금의 게임 경험과 비교했을 때 AI의 움직임을 포함하여 여러 그래픽적 요소가 훨씬 발전했다는 걸 느낄 수 있다.

메타버스를 구성하는 요소로 보통 아바타, 가상 공간, 참여자가 할 수 있는 활동, 경제 시스템, 유저 제작 콘텐츠의 활용을 꼽는데 이 다섯 가지는 게임 경험에서 비롯되는 요소들과 상당히 유사하다. 코로나 이후 활발해진, 2D 또는 3D 형태의 아바타로 참여하는 온라인 미팅은 게임 공간에서 오래전부터 존재했다.

이처럼 게임 경험과 메타버스 경험의 경계는 상당히 모호하다. 마이크로소프트의 제3대 CEO인 사티아 나델라도 "게임은 가장 역동적이면서도 흥미로운 엔터테인먼트 분야다. 메타버스 플랫폼 개발에 핵심적인 역할을 한다"라면서 "메타버스는 본질적으로 게임을 만드는 것"이라고 강조했다. 게임 플랫폼이 가장 먼저 메타버스화를 선언하고, 게임 관련 회사들이 메타버스 사업에 선두주자로 뛰어든다는 소식이 먼저 들리는 것은 그래서 매우 자연스럽다. 엔비디아NVIDIA, 에픽게임즈 등 게임의 인프라를 구성하는 엔진 및 그래픽 카드 기업들이 가장 먼저 메타버스를 비전으로 내세운 것도 게임 산업에서의 시뮬레이션 기술과 렌더링의 고도화 선례가 메타버스의 경험을 개발하고 지속적으로 개선해가는 데 매우 중요하기 때문이다.

2021년 6월에 라운드힐 볼Roundhill Ball Metaverse ETF을 구성하는 테마를 보면 더 명백해진다. 메타버스 ETF에서 게이밍 플랫폼과 비디

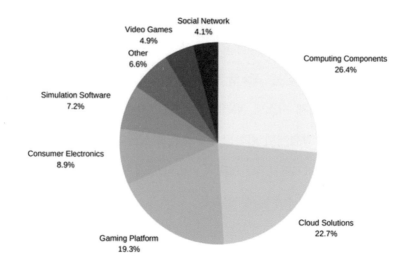

| 메타버스 ETF 테마별 구분 |

출처_ https://www.roundhillinvestments.com/etf/META/

오 게임이 24.2%를 차지하며, 게임 개발과 구현에 간접적으로 영향을 줄 수 있는 컴퓨팅과 시뮬레이션 소프트웨어가 각각 26.4%와 7.2%로 총 33.6%를 차지했다. 즉, 게임에 직간접적으로 연관된 테마들을 모두 합하면 57.8%의 점유율로 메타버스 ETF의 절반을 넘는다. 오히려 메타버스와 관련하여 큰 관심을 받고 있는 소셜 네트워크는 4.1%밖에 되지 않는다는 것도 주목해볼 만하다. 요컨대 메타버스 개발과 게임 산업의 동향은 매우 큰 상관관계가 있다고 할 수 있다.

더샌드박스, 픽셀 게임 회사는
왜 NFT를 활용하게 됐나?

더샌드박스는 유저 제작 콘텐츠 게이밍 메타버스 플랫폼이다. 프로그래밍 코딩이 필요 없이 누구나 손쉽게 게임을 만들고, 플레이하고, 공유하고, 이를 통해 수익을 창출할 수 있도록 툴을 제공한다. 더샌드박스는 프랜차이즈 프로젝트로, 오래전부터 유저 제작 콘텐츠 플랫폼의 노하우를 쌓아왔다. 2012년에 처음 출시한 2D 픽셀 중심의 싱글 플레이어 더샌드박스를 시작으로, 더샌드박스 에볼루션을 연이어 출시했고, 2018년부터 블록체인 기반의 3D 및 멀티플레이어 플랫폼인 더샌드박스 출시를 준비했다.

모바일 게임으로 처음 출시한 더샌드박스는 당시 나름의 성공을 거두었다. 4,000만 다운로드를 달성했고, 그 안에서 유저들이 출시한 픽셀 콘텐츠가 7,000만 개에 달했다. 그런데 거기서부터 고민이 시작됐다. 더샌드박스 플랫폼을 콘텐츠로 채운 주체가 기업이 아닌 유저들이었기 때문에 어떻게 하면 게임의 성공에 기여한, 자신의 시간과 노력을 많이 투여한 플레이어들이 보상을 가져가게 할 수 있을까에 관한 고민이었다.

2017년, 때마침 크립토키티 NFT 프로젝트가 성공을 거뒀다. 이를 보면서 그 원리를 그대로 게임으로 가져온다면 NFT를 통해서 크리에이터들이 모든 콘텐츠를 직접 소유할 수 있겠다는 발상을 하게 됐고,

| 더샌드박스를 이루는 5가지 요소 |
출처_ The Sandbox

그리하여 더샌드박스 개발에 착수했다. 지금의 더샌드박스는 블록체인 기반 메타버스 프로젝트 중 가장 주목받는 프로젝트로 평가된다.

NFT와의 호환성

NFT 관련하여 가장 많이 나오는 질문 중 하나가 '한 플랫폼에서 사용되던 NFT를 그 플랫폼이 서비스를 중단한 후에 보유한다는 것이 어떤 의미가 있을 수 있는가?' 하는 것이다. 사실 이 부분이야말로 NFT의 잠재력이 무궁무진하다고 평가받는 데 핵심이 되는 요소다. 물론 플랫폼 간 세계관이나 구조가 다를 경우 플랫폼 차원에서 별도의 노력이 필요하지만, 기본적으로 NFT는 한 블록체인 내에서 통용되는 규격이기 때문에 체인 내 다양한 플랫폼 간의 호환이 가능하다.[1] 다른 말로 하자면, A 플랫폼에서 사용된 NFT를 B 플랫폼에서도 사용할 수 있다는 뜻이다.

이에 따라 실제로 NFT 프로젝트 사이에서는 특정 플랫폼에서 활용된 NFT가 지갑에 있을 경우, 다른 플랫폼에서 그 NFT 보유자들을 대상으로 특정 혜택을 주는 협업을 하기도 한다. 그러면 사용자들은 자신이 소유한 재화를 다른 플랫폼에서도 활용할 수 있다.

| NFT가 제공하는 네 가지 핵심 혜택 |
출처_ The Sandbox

---

1   체인 간의 호환이 가능하다면 NFT 또한 체인 간에 호환될 수 있다. 현재 블록체인 씬에서는 체인 간 호환 또는 체인 간 통신을 가능케 하려는 시도가 활발히 이루어지고 있다.

| 리니지 파워북 |

2021년 1월 기준 1억 7,000만 원을 호가하는 리니지 게임의 집행검을 NFT를 통해 진정으로 소유할 수 있다면, 더욱 높은 가치를 지닐 수도 있다.

출처_ Lineage

이런 호환성이 유저의 이탈을 불러와 오히려 플랫폼에 안 좋은 것이 아니냐는 얘기도 할 수 있지만, 메타버스의 본질은 이런 폐쇄성에 있지 않다. 되려 개인 또는 커뮤니티가 자산을 영구적으로 보관하고 활용할 수 있는 것이 매우 중요하며, 무엇보다 사용자 경험의 확장이라는 측면이 더욱 중요하다고 보는 것이다.

게임 아이템을 예로 들어보겠다. 특정 고가의 아이템을 소유하고 있더라도, 그 아이템을 활용할 수 있는 게임이 없어진다면 사실상 아이템의 가치는 사라질 것이다. 하지만 이 아이템이 NFT가 되어 누군가에게 진정으로 소유된다면 그 가치를 보장받을 수 있고, 그에 따라 거래도 더욱 활발하게 이뤄질 수 있다.

앞서도 언급했듯이, 블록체인은 소유권이나 희소성만 증명하는 것이 아니라 아이템의 거래 이력도 담을 수 있다. 특정 유명인이나 인기 프로게이머가 소유한 경험이 있는 아이템이라면 더 높은 가치가 매겨질 것이다. 이는 기존의 게임 시장에서는 할 수 없었던 경험이다.

가상 부동산의 활용

가상 부동산의 가치 및 활용 사례

더샌드박스에는 '랜드LAND'라고 하는 가상 부동산 NFT가 있다. 랜드는 총 16만 6,464개로 공급이 제한되어 있는데, 최근 더샌드박스의 흥행과 함께 랜드의 수요가 증가해 가격이 크게 상승했다. 사전판매에서 한화로 환산하여 약 4만 원에 판매됐던 1×1 크기(기본 크기)의 랜드 1개가 2022년 4월 22일 기준으로 오픈시 NFT 마켓에서 약 1,500만 원의 평균가를 이루고 있다. 약 40만 원에 판매됐던 3×3은 약 3억 원, 약 170만 원에 판매됐던 6×6은 약 12억 원, 12×12는 약 30억 원 그리고 약 1,200만 원에 판매됐던 24×24는 무려 70억 원이 넘는 평균

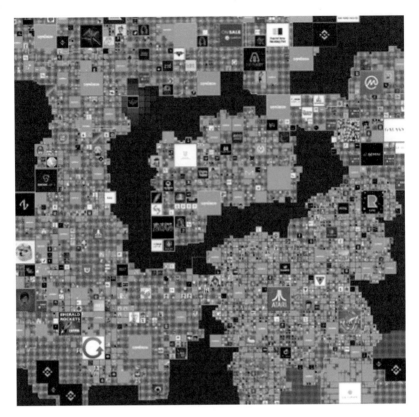

| 더샌드박스 맵 |
출처_ The Sandbox

가로 거래되고 있다. 이런 가격대가 형성될 수 있는 이유는 그만큼 더

샌드박스 및 NFT와 메타버스가 이루어나가는 세상에 대한 기대치가

높기 때문일 것이다.

하지만 아무런 유틸리티가 없는 랜드가 이렇게 실제 부동산을 구매

할 수 있을 만큼의 가격에 거래되고 있다면, 봉이 김선달이 두만강 물

을 가져다 파는 것과 다를 바 없다. 앞서도 언급했지만, NFT가 큰 유행을 타고 있는 이 시점에는 실로 많은 프로젝트가 구체적인 유틸리티를 구상하지 않은 채 NFT를 무분별하게 발행하여 판매하고 있다.

우선 랜드를 보유할 경우 보유자는 자신이 직접 만든 게임이든 다른 크리에이터가 만들어서 판매한 게임을 유치해서든, 자신의 랜드에 콘텐츠를 자유롭게 올림으로써 자신만의 비즈니스 모델을 구축할 수 있다. 랜드를 보유하지 않은 일반 참여자들은 P2E와 같이 랜드 보유자가 구축해놓은 다양한 콘텐츠를 자유롭게 체험할 수 있다. 이 랜드는 다른 플레이어에게 수익 배분을 전제로 일정 기간 임대할 수도 있다.

또한 SAND라고 하는 더샌드박스의 기축 토큰을 랜드에 예치하면 GEM이라는 재화를 얻게 된다. GEM은 판매할 수도 있고, 더샌드박스 내 게임에서 자신의 아이템과 아바타를 강화하는 데 쓸 수도 있다. 랜드에 예치하는 SAND의 양이 많으면 많을수록 그 랜드에서 발생하는 GEM의 양도 늘어난다. 그중 5%는 랜드 보유자에게 가고, 나머지 95%는 랜드에서 다른 플레이어들이 게임 플레이를 통해서 얻을 수 있다. 이런 방법으로 플레이어들을 자신의 랜드에 유치하게 하는 토크노믹스도 가지고 있다.

프로젝트 단계에서 랜드 보유자들에게 많은 혜택을 주기도 한다. 더샌드박스 알파 시즌이 처음 출시되어 처음으로 P2E 게임 플레이가 가능해졌을 때, 이에 참여하기 위해서는 알파 시즌 티켓 NFT를 별도로 구매해야 했다. 더샌드박스는 랜드 보유자들에게는 래플raffle을 통해서 티켓을 얻을 수 있는 특별 기회를 제공했다. 랜드를 많이 보유할수록 티켓을 얻을 확률이 높아지는 형태로, 특별 혜택이 주어진 것이다.

2021년 11월에 뉴욕에서 열린 NFT NYC에서 랜드 보유자들을 위한 특별 파티가 열린 적도 있다. 이처럼 랜드를 보유한다는 것은 단순히 더샌드박스 내에 가상 공간을 소유하는 것을 넘어서, 커뮤니티의 VIP가 되고 하나의 멤버십이 되는 것이다.

앞서 언급했다시피, 더샌드박스의 가상 부동산인 랜드는 지난 1년 반 동안 가치가 몇백 배나 상승했다. 이런 현상은 비단 더샌드박스뿐만 아니라 블록체인 기반의 타 메타버스 프로젝트들에서도 일어났다. 디센트럴랜드의 가상 부동산도, 엑시인피니티 프로젝트에서 판매됐던

| 더샌드박스 파티의 한 장면 |
출처_ The Sandbox

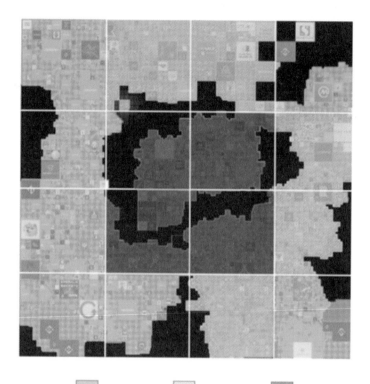

Less than 3.75ETH	Between 3.75 and 4.25	More than 4.25 ETH
(~$11,000)	(~$11,000-$13,000)	(~$13,000)

Real Estate in The Metaverse: Analysis of Land Prices in The Sandbox

| 더샌드박스 가상 부동산의 지역별 가치형성 표 |
출처_ https://courses.cfte.education/metaverse-real-estate-market-sandbox-
heatmap/

| 디센트럴랜드 화면 |
출처_ Decentraland

제네시스 땅도 모두 최초 발행가보다 훨씬 높은 가격에 판매됐다.[1]

디센트럴랜드는 더샌드박스보다 먼저 프로젝트를 개발했지만, 더샌드박스에 비해 진입장벽이 높은 편이다. 더샌드박스에서는 마치 심즈 게임에서 집을 디자인하듯 또는 레고를 쌓듯 마우스 클릭이라는 매우 단순한 방식으로 콘텐츠를 디자인하고 출시할 수 있다. 그런데 디센트럴랜드는 가상 공간에서 무언가를 출시하려면 프로그래밍 코딩을 할 줄 알아야 한다. 게다가 디센트럴랜드 내의 땅 크기는 평균적으로 더

---

1 특히 디센트럴랜드의 경우에는 2021년 중순, 1개의 땅이 6,000만 원이 넘는 사상 최고 거래가를 기록하기도 했다. 그때는 암호자산 시장이 전체적으로 강한 하락세를 맞이하고 있었다. 그래서 일각에서는 NFT가 암호자산의 헤징hedging 수단이 될 수도 있다고 평가하기도 했는데, NFT 자산 관리 서비스인 NFT뱅크에 따르면 NFT가 전반적인 하락장 때 가격 방어가 되는 이유 중 하나는 낮은 유동성이라고 분석했다. 즉 거래가 드물어서, 가치가 하락하지 않는 것이 아니라 하락하지 못하는 것이라는 얘기다.

샌드박스보다 훨씬 작다.

여담으로, 커뮤니티에서 어느 위치에 있는 랜드를 구매하는 것이 좋은지에 대한 질문을 자주 받는다. 위치가 어디든 보유하는 것 자체가 중요하다고 강조하긴 하지만, 그럼에도 가격을 결정짓는 특정 지표들은 분명 존재한다. 예를 들어 NFT뱅크의 데이터 스터디에 따르면, 디센트럴랜드의 경우 초기에는 유동 인구가 많고 공간과 공간을 이어줄 수 있는 도로 근처의 부동산이 고가를 형성하기 시작했다.[2]

그리고 더샌드박스에서는 노른자 땅이라고 할 수 있는 맵의 중앙이나 유명 IP 및 브랜드가 자리 잡은 곳 인근의 랜드들이 다른 지역의 랜드들보다 더 높은 가격을 형성하고 있다. 직관적일 수 있지만, 공간의 중심부가 항상 가격이 높다는 사실을 학습한 효과이기도 하고, 유명 IP 근처에 있으면 랜드의 노출도가 더 높아질 수 있다는 기대와 그 IP가 랜드를 확장하고자 할 때 인근의 랜드를 인수하지 않겠느냐는 기대심리가 있기 때문이다.

이는 게임이 출시되기 이전의 지표들이기 때문에 실질적인 가치는 추후 게임 콘텐츠의 활성화에 따라 달라질 수도 있다. 어쨌거나 현실의 부동산과 비교했을 때 가격 형성 과정이 크게 다르지 않다는 사실이 매우 흥미롭다.

---

2 하지만 이후 그 도로를 무의미하게 만들 수 있는 포털이 도입됐음에도, 도로 인근 랜드들의 가치가 하락하지는 않았다. 이는 위치가 주는 상대적 효용보다는 랜드 자체를 소유하는 데 더 큰 효용이 있다는 것을 입증하는 사례일 수도 있을 것이다.

가상에서의 문명을 상상하며

메타버스에 대한 정의는 공상과학 소설가 닐 스티븐슨의 《스노 크래시Snow Crash》라는 소설을 언급하면서 시작되는 경우가 많다. 《스노 크래시》 속 주인공은 현실 세계에서는 피자 배달원이지만, 가상 공간에서만큼은 천재 해커이자 검객이다. 사람들은 메타버스라는 제2의 공간을 통해 자신만의 거리, 건물 그리고 마을을 만들어나간다.

NFT와 유저 참여 콘텐츠라는 개념은 이런 메타버스 공간에서 진정으로 발견될 수 있다고 생각한다. 메타버스 내의 경제는 디지털 자산을 기반으로 구축될 것인데, 구성원들이 만들어가는 사회인 만큼 그 안에서 기능할 수 있는 신뢰 기반의 경제 시스템이 필요하다. 각 구성원이 가지고 있는 다양한 사유재산의 가치가 증명됨으로써 자유롭게 거래될 수 있는 NFT야말로 메타버스가 필요로 하는 경제 시스템이 될 수 있는 것이다.

또한 NFT는 ID의 역할까지 수행하며, 참여자들이 메타버스 공간에서 본인의 개성을 과시하고 사회적 관계를 구축해나갈 수 있게 한다. 일반 게임에서는 모두가 한 가지 목표를 가지고 참여하지만 메타버스에서는 누구는 다른 참여자와 채팅을 하고, 누구는 쇼핑을 하고, 누군가는 퀘스트에 도전하고, 누군가는 전시회를 관람하거나 콘서트에서 열광할 수도 있다. 이렇게 다양한 활동과 상호작용이 가능한 이유는 가상 공간을 소유한 사람들이 저마다 자신이 원하는 경험을 그 공간에서 실현하고 싶어 하고, 또 쉽게 만들고 출시할 수 있기 때문이다. 공간을 소유한 사람은 누구나 자신이 원하는 콘텐츠를 만들고, 공유하고, 자신만의 비즈니스 모델을 구축하여 수익을 창출할 수 있다.

물론 현재 출시되어 있는 메타버스 플랫폼에서의 경험은 가히 원시시대라고 평가될 만큼 아직까지는 한계가 많다. 그럼에도 우리가 상상하는 메타버스가 제시하게 될 모습은 분명하게 그려지기에, 여러 글로벌 기업이 메타버스를 차세대 산업으로 정의하며 앞다투어 리브랜딩하는 것이리라.

여기서 한 가지 생각해볼 만한 점은 이 기업들이 과연 탈중앙적인 생태계에서도 많은 부분을 차지할 수 있을까 하는 것이다. 기존의 중앙적인 형태로 운영되어온 덕에 거대해진 기업들은 탈중앙적인 생태계가 추구하는 바와 결이 다를 수 있기 때문이다. 따라서 필연적으로 가치관의 충돌이 일어날 터인데, 향후 어떤 방향으로 해결되어나가는지도 지켜볼 만한 요소라고 생각한다.

또한 메타버스와 NFT가 만들어나갈 생태계 안에서 기존의 비즈니스가 어떻게 새롭게 확장될지에 대한 논의도 중요하지만, 디지털에 기반하고 새로운 가치를 줄 수 있는 비즈니스의 성장도 기대해볼 수 있다. 예컨대 나이키가 직접 버추얼 스니커즈 브랜드를 출시하지 않고 이미 존재하는 디지털 기반의 스니커즈 브랜드인 RTFKT를 인수한 것은 매우 주목할 만하다. 개인 투자자 입장에서도 기존의 메이저 브랜드가 NFT화하는 것에 대한 관심과 투자보다는 완전히 처음부터 디지털 기반으로 만들어지는 패션 스타트업에 투자하는 것이 더 흥미로운 도전이 될 수 있다고 생각한다. 또한 그런 프로젝트들은 기업 중심이 아닌 커뮤니티 중심으로 성장하기 때문에 블록체인과 NFT 그리고 메타버스라는 생태계가 지향하는 가치에 더 적합할 수 있다.

골리앗에 맞서는 다윗처럼, 이런 현상들이 기존 시장의 판도를 뒤흔들 만큼 새로운 가치를 몰고 오는 데 NFT가 강력한 무기가 될 수 있기를 바란다.

지금까지 언급한 것들이 NFT가 메타버스에서 할 수 있는 기능의 모든 것은 아니다. NFT의 무궁무진한 가능성이 새로운 기회들을 열어주므로 패션, 음악, 미술, 스포츠, 엔터테인먼트 등 산업을 불문하고 많은 기업이 NFT 시장의 문을 두드리고 있는 것이다. 마치 1990년대에 일상에서 인터넷을 처음 접했을 때 지금 우리가 누리는 수많은 콘텐츠·서비스·플랫폼이 만들어질 거라고는 상상도 못 했던 것처럼, NFT의 장기적인 가치는 무한한 상상력에서 비롯되는 콘텐츠에 있다. 그런 한편으로, 메타버스 또한 진정한 디지털 사회가 될 수 있으려면 NFT의 역할이 필수적이다. 따라서 메타버스와 NFT를 분리해서 보는 것이 아니라 그 둘을 융합한 세계관을 가지고 바라봐야 할 것이다.

지난 인류사를 볼 때 새로운 발명품이 탄생하면 그 발명품에 기대를 거는 커뮤니티가 형성되고, 발명품이 가져오는 변화를 통해 새로운 직업이 창출되고, 궁극적으로 대중화를 이루면서 문명의 진보가 촉진되어왔다. 인터넷이라는 정보의 고속도로가 만들어진 후 인터넷은 단시간에 단순히 정보의 통로를 넘어서 사람들이 모이고 교류하는 디지털 공간이 됐다. 우리의 일상은 이제 디지털에서 시작되고 디지털로 마무리된다. 다만 그 상호작용은 제한적일 수밖에 없었는데, 인터넷이 상용화된 게 30년밖에 되지 않는다는 점을 고려할 때 인터넷상의 문명은 앞으로 무궁무진하게 발전해나갈 여지가 있다고 하겠다.

그런 점에서 인터넷의 새로운 도약을 촉진할 수 있는 신기술들을 주의 깊게 볼 수밖에 없을 것 같다. 블록체인과 NFT는 가치의 저장 및 전송 수단으로서 소유권과 희소성의 개념을 디지털 공간으로 가져왔다. 마치 과거 사유재산과 무역을 통해 도시 문명을 꽃피울 수 있었던 것처럼, 이 새로운 발명은 현재의 인터넷을 가상국가 문명으로 발전시킬 수 있는 기술이 되지 않을까?

요컨대 'NFT가 가상 공간에서 소유권과 희소성을 증명할 수 있고, 그 가치는 상호운용적이다'라는 사실 하나만으로도 NFT를 고민하지 않을 수 없다고 생각한다. 무슨 설명이 더 필요할까. NFT의 등장과 동시에 급성장하고 있는 시장에 대해 환영의 목소리와 우려의 목소리가 동시에 존재한다. 사람들이 물잔을 앞에 두고 절반이 찼는지 절반이 비었는지 심각하게 논의하는 동안, 현명한 누군가는 그 물을 마시고 갈증을 해소한다.

부록

밟지 못하는 땅이지만,
더샌드박스에서 '버추얼 랜드'를 사보자!

사람들이 필자에게 어떤 NFT를 사느냐고 물었을 때 랜드(LAND)를 산다고 답했었다. 가상 공간에서 아이템은 무한정 만들어낼 수 있지만, 랜드는 유한하기 때문이다. 랜드가 있어야 나중에 거기에서 무언가를 할 수 있고, 또 내가 직접 하지 않더라도 랜드를 대여해주는 방식으로 수익을 창출할 수 있다는 생각에서 구입했다.

그러면 보통 이어지는 질문이 어떤 랜드를 사는 게 좋으냐는 것인데, 대형사(IP가 있는 메이저 파트너) 또는 셀럽의 땅이 근처에 있고 아직 개발되지 않은 지역을 눈여겨보라고 답했다. 즉, 실물경제와 똑같이 생각하면 된다.

현재는 프리세일 기간이 아니기 때문에 사람들이 구매한 랜드를 이더리움 또는 더샌드박스로 구매하는 방법밖에 없다.

더샌드박스에서 구매하기

Step 1 더샌드박스 사이트(https://www.sandbox.game)에 접속한다.

Step 2 'Map' 버튼을 누른다. 실제 땅을 매매할 때 둘러보듯, 마음에 드는 땅을 찾는다.

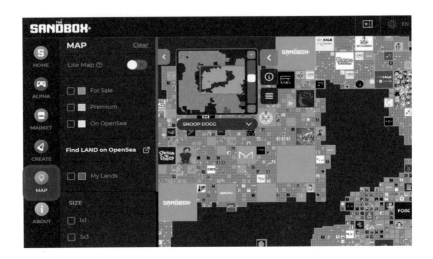

'Map' 버튼을 눌렀을 때 나오는 하위 메뉴는 다음과 같은 뜻이다.

• For Sale 경매 중인 랜드

• Premium 주로 매니저 파트너사 근처

• On OpenSea 오픈시에 등록된 랜드

• My Lands 현재 내가 보유한 랜드

• Size 사이즈는 다섯 가지이며, 가장 거래가 잘되는 사이즈는 '1x1'이다(실제로는 96m x 96m에 높이가 128m인 정사각형 형태의 넓은 공간이다).

Step 3 마음에 드는 랜드를 찾았다면 그 자리를 클릭한다. 그러면 위치 좌표(예를 들어 106, 96)가 뜨고, 소유자가 누구이며 호가가 얼마인지 작은 창으로 알려준다. 사례로 클릭한 이 랜드는 1만 2,000SAND인데, ETH로 거래되는 땅들이 더 많다.

Step 4 가격(12,000SAND)을 클릭하면 오픈시로 이동한다.

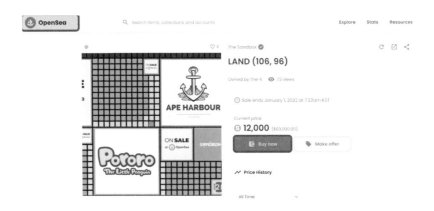

Step 5 'Buy now'를 누르면 'Wallet'을 연결하라는 메시지가 뜬다.

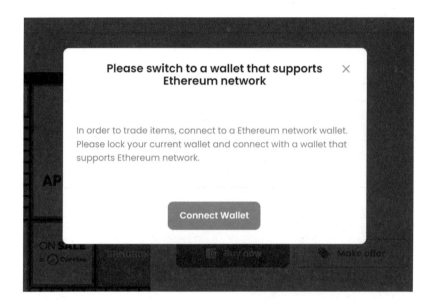

Step 6 연결 후 'Transaction'을 승인하면 구매가 완료된다.

오픈시에서 구매하기

Step 1 오픈시 사이트(opensea.io)에 접속한다.

Step 2 'Explore'를 클릭하고 검색창에 'sandbox'를 입력한다.

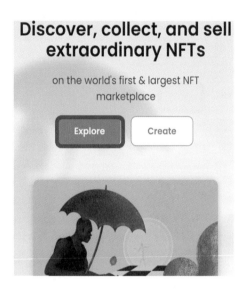

Step 3 그러면 'Collection results' 화면이 나오는데, 그중 하나를 클릭한다.

Collection results

Step 4 정렬 방식('Sort by')을 'Price: Low to High'로 설정하는 등으로 마음에 드는 랜드를 찾아 클릭한다(더샌드박스의 랜드 바닥가가 2.92ETH라는 것을 알 수 있다).

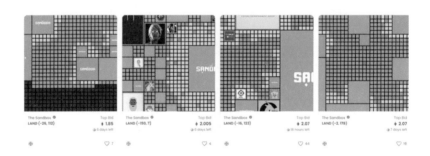

Step 5 하단의 랜드 중에서 선택해 'Buy now'를 누르면 'Wallet'을 연결하라는 메시지가 뜬다. 연결 후 'Transaction'을 승인하면 구매가 완료된다.